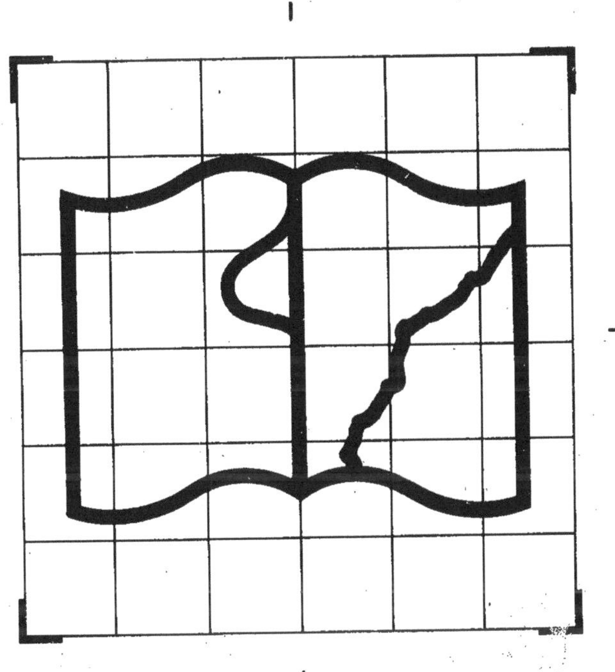

Leçons de morale

Celui-là a le mieux profité de sa leçon qui la *pratique* et non qui la *retient*. (MONTAIGNE.)

DEUXIÈME ÉDITION

Enseignement primaire supérieur

LEÇONS DE MORALE

Par Mme H. Launey, directrice d'école primaire supérieure, et J. Launey, inspecteur de l'enseignement primaire

8 gravures hors texte

PARIS — LIBRAIRIE LAROUSSE

13-17, RUE MONTPARNASSE. — Succursale : RUE DES ÉCOLES, 58

AUX ÉCOLIERS ET AUX ÉCOLIÈRES QUI SE SERVIRONT DE CE LIVRE.

Ce n'est pas pour vos maîtres que nous avons écrit ce petit ouvrage. Nous ne saurions prétendre à les guider. Notre livre est un livre d'élève et nous n'avons pas cessé, en l'écrivant, de penser au petit peuple des Écoles primaires supérieures que nous connaissons très bien, pour vivre tous les jours dans sa familiarité. Il répond aux besoins de vos programmes; de plus, il sollicite votre réflexion sur maintes « questions d'examen ».

Pourtant notre but n'est pas de vous rendre savants en morale. Notre ambition — plus haute — serait de vous enseigner, à vous qui entrez dans la vie, la meilleure manière de vivre; *et non seulement de vous l'enseigner, mais de vous la faire* aimer.

Or, nous pensons que le plus sûr moyen de bien vivre est de chercher à valoir le plus possible individuellement en vue de valoir le plus possible pour les autres.

*Aussi faisons-nous de l'*autorité de la conscience *le fondement et comme l'âme de notre enseignement moral.*

Ce fondement solide, rien ne peut le détruire ni l'ébranler : la conscience est votre souverain guide. Nul législateur, nul directeur, ne peut se mettre entre elle et vous. Vous devez donc la rendre claire et vigilante, réfléchie et résolue.

La vie intérieure, la vie de la conscience, est celle qui a le plus de prix. La vie sociale ne vaut que par la richesse des vies individuelles. Quelle ne serait pas l'excellence d'un pays où les hommes ne se guideraient que d'après des principes approuvés par la raison?

On vous dira que la vie intérieure a ses dangers. Nous ne les craignons pas pour vous. Vous êtes de ceux et de celles — privilégiés, croyez-le bien — que la vie laborieuse appelle. Vous n'aurez pas le loisir de vous complaire et de vous perdre dans l'analyse de votre moi. — Vous ne serez ni des dilettantes, ni des timorés, parce que vous serez des êtres d'action.

Munis de forces par la vie réfléchie, vous agirez, et l'action elle-même vous donnera de nouvelles lumières, un nouveau courage.

Jeunes gens, vous serez soldats, électeurs, pères de famille, vous aurez une profession à remplir. Jeunes filles, vous serez femmes, mères; beaucoup d'entre vous auront aussi les charges d'une profession. Apprenez avec exactitude ce que sera votre tâche future. La bien connaître, ce sera déjà l'aimer, vous préparer à la remplir joyeusement, à n'y vouloir rien faire entrer de contraire à la raison, à la conscience.

Voilà en quel sens ce petit livre voudrait vous aider. Il se pourrait d'ailleurs qu'il ne restât pas uniquement pour vous un manuel scolaire. Sans doute vous y étudierez des leçons indiquées par vos maîtres, vivifiées par leurs explications. Mais plus tard, quand votre tâche professionnelle vous laissera des loisirs, quand, à votre tour, vous aurez à aider de chères jeunes consciences à trouver une règle de vie, peut-être feuilleterez-vous de nouveau ces pages fatiguées. Vous y retrouverez toutes vives les impressions de votre jeunesse; peut-être quelques-unes de ces lignes seront-elles fixées dans votre souvenir, toutes vibrantes encore du commentaire d'un maître écouté. Si elles ont contribué à vous donner le goût de la réflexion et du travail, l'amour de vos semblables et le culte de la Patrie, nous aurons la récompense la meilleure et la plus haute que nous puissions souhaiter.

H. L.-J. L.

INTRODUCTION

QUAND TU ENTRES DANS UN CHEMIN,
DEMANDE-TOI OU IL MENE. (H. L.)

I. *Objet du cours.* — La Morale n'est pas une étude nouvelle pour vous. A l'École primaire, déjà, vous avez entendu des leçons de morale, et vous avez bien deviné, au ton grave de vos maîtres, quelle importance ils attachaient à ces leçons.

A l'École supérieure il est nécessaire de développer, de préciser, de classer dans un ordre plus rigoureux les connaissances que vous avez acquises à l'École primaire. Mais, si la disposition des leçons est changée, le but de nos efforts ne change pas. Ici, comme à l'École primaire, notre suprême objet est de fortifier en nous la *vie de la conscience*, de nous rendre de plus en plus capables de *vouloir* et de *pratiquer* le bien.

Nous étudierons donc la morale, non pour la mieux savoir, mais pour la mieux pratiquer, ou plutôt pour la mieux savoir afin de la mieux pratiquer.

Vous éprouverez d'ailleurs bien vite que plus votre esprit sera cultivé, plus aussi votre cœur s'ouvrira à la bonté, plus votre volonté s'affirmera.

C'est ainsi que la morale vous donnera la clef de la vie, car votre existence ne vaudra que par l'union intime de votre intelligence et de votre cœur éclairant et stimulant votre bon vouloir.

II. *Plan que nous suivrons.* — Avant toute étude particulière, nous allons essayer de jeter un coup d'œil d'ensemble sur la route que nous avons à parcourir : il est toujours bon de savoir d'où l'on part, où l'on va, et de marquer quelques étapes le long du chemin.

Dès l'abord, nous poserons les principes élémentaires de la morale. Nous les découvrons en nous-mêmes : nos premiers efforts de réflexion nous font connaître en effet la présence en nous de la *conscience morale*, ce sentiment d'une obligation, d'un devoir à remplir; notre raison ajoute qu'il nous est possible, au prix d'un effort, d'accomplir ce devoir, et que quiconque refuse d'obéir à la conscience est gêné par le *remords*.

Nous verrons aussi que l'homme est *libre* de ses actes, et que cette liberté crée sa *responsabilité*; que sa valeur morale dépend de lui-même, qu'il peut augmenter sa dignité par ses bonnes actions, la diminuer par ses mauvaises.

Cette haute valeur, que donnent à l'homme la conscience morale et le sentiment de sa responsabilité, il est le seul qui la possède parmi les êtres vivants; seul, il est libre et maître de lui-même, capable, par l'effort de sa volonté, de former son caractère et de réaliser la vertu qui est l'habitude du bien.

Tel est le grand principe de la *dignité humaine*, fondement de nos devoirs envers nous-mêmes.

Mais on ne conçoit pas l'homme vivant isolé. L'individu par lui-même est peu de chose : sa vie est pauvre, dépendante, incomplète; aussi, par nécessité autant que par instinct, les hommes ont-ils vécu en *sociétés*.

Une grande loi gouverne les sociétés, la *solidarité*, loi de dépendance réciproque qui lie étroitement les hommes entre eux, ceux du présent à ceux du passé et à ceux de l'avenir. Nous sommes ce que nous ont faits les générations disparues. A leur tour, les générations futures seront marquées de notre empreinte.

Cette grande loi de la solidarité régit le bien et le mal. Mais, comme toutes les grandes lois naturelles, elle peut être mise par les hommes à leur service et adaptée à leurs besoins. C'est ainsi que, devant ses effets inéluctables et puissants, les hommes comprennent la nécessité de travailler à établir la solidarité du bien, à diminuer la solidarité du mal.

La loi de solidarité nous aide à comprendre ce que réclament de nous la *Justice* et la *Fraternité*, fondements de nos devoirs envers les autres.

De l'étude des *Principes* nous passerons naturellement à l'étude des *Devoirs*.

Chaque homme a des *devoirs envers lui-même*, envers son *corps* et envers *son être spirituel;* il doit les conserver, les respecter, les développer. Tous ces devoirs nous apparaîtront réalisés dans le *Travail*.

Chaque homme a aussi des *devoirs envers ses semblables*. Il leur doit de respecter leurs droits : droit de vivre, droit de posséder, droit de penser. Il leur doit de les aider, de les aimer comme des frères.

La nécessité de former dans la vaste société humaine des sociétés plus petites où chaque individu puisse faire œuvre efficace nous impose des devoirs spéciaux envers la *Famille*, envers la *Patrie*.

L'obligation de remplir une tâche particulière nous crée des *devoirs professionnels*.

A ces devoirs se joignent ceux que nous avons à remplir envers nos frères en humanité. Il y a une *fraternité internationale* qui n'est aujourd'hui qu'un rêve, qui peut devenir une réalité.

Enfin nous avons un grand devoir de respect et d'admiration envers toute la *Nature*, envers tout ce qui a la *Vie*.

LEÇONS DE MORALE

Première partie

LES PRINCIPES

La Conscience

LA CONSCIENCE EST LE MEILLEUR
DES LIVRES DE MORALE. (PASCAL.)

I. Qu'est-ce que la morale? — La morale est la science des devoirs de l'homme. Elle nous indique les bonnes actions, qu'il faut faire, et les mauvaises actions, qu'il faut éviter.

Ce mot *devoir* a un sens très simple et très clair : il signifie qu'il y a des actes que notre raison et notre expérience nous indiquent comme les meilleurs et les plus respectables, et que ce sont ces actes que nous devons accomplir.

N'attendez pas d'un cours de morale qu'il vous donne une liste d'actions à faire, une liste d'actions à éviter.

Nul homme ne peut prévoir, pour les autres, pas plus que

pour lui-même, les circonstances où ils se trouveront placés. Mais la morale donne des règles générales de conduite, des principes qui peuvent nous guider dans presque tous les cas. Elle nous dit, par exemple : « Agis toujours de manière que la maxime qui inspire ton action puisse être celle de tous tes semblables. »

Si vous pensez sans cesse à cette règle d'action, vous avez peu de chances de manquer à votre devoir.

La morale nous donne le secret du bonheur compatible avec notre condition humaine : il n'y a qu'un moyen de le trouver, c'est d'être toujours d'accord avec notre conscience.

II. La conscience morale. — On peut discuter sur l'origine, l'évolution et la formation de la *conscience*. Mais il est un fait que personne ne nie, c'est son existence. Nier l'existence de la conscience, ce serait nier l'existence de la raison ; la *conscience* c'est la *raison* employée à juger nos actes, nos pensées, nos sentiments.

Quand, sous nos yeux, un de nos semblables accomplit un acte de générosité, de dévouement, s'il défend, par exemple, son ennemi attaqué, s'il met sa fortune ou sa vie au service d'autrui, nous sommes pénétrés d'une émotion joyeuse et bienfaisante. Notre estime, notre sympathie, peut-être notre admiration et notre respect, vont à lui ; notre raison l'approuve : elle affirme que celui qui agit ainsi mérite d'être loué, imité, récompensé.

De même, si nous sommes témoin d'une action vile, si quelqu'un devant nous accuse un innocent pour se défendre ou calomnie son bienfaiteur, nous éprouvons un sentiment pénible et douloureux, notre âme se remplit d'indignation pour cet odieux mensonge ; nous avons peine à refréner en nous l'antipathie pour le malheureux qui l'a commis. Notre raison nous dit qu'il mérite le blâme, peut-être le châtiment.

Nos propres actions déterminent en nous des *sentiments* et des *jugements* de même nature. Nous pouvons même les exprimer avec une certitude plus complète, car, s'il ne nous est pas toujours possible de sonder le cœur d'autrui et d'y lire clairement, nous pouvons arriver à connaître nos propres motifs d'action et ce qu'ils valent ; nous savons à coup sûr, en nous interrogeant de bonne foi, si chacune d'elles doit nous apporter le calme, la satisfaction intérieure, la fierté, ou, au contraire, laisser en nous le regret, l'inquiétude, le repentir, le remords, la honte.

Ces *émotions du cœur*, ces *jugements de la raison* devant le bien et le mal constituent notre *conscience*.

La Conscience morale est donc la faculté qu'a tout homme raisonnable de distinguer le bien du mal.

C'est bien notre *raison* nous éclairant sur notre conduite.

« Plus j'ai vu des hommes différents par le climat, les mœurs, le langage, les lois, le culte, et plus j'ai remarqué qu'ils ont tous le même fonds de morale, ils ont tous une notion grossière du juste et de l'injuste; ils ont tous acquis cette notion dans l'âge où la raison se déploie comme ils ont tous acquis naturellement l'art de soulever des fardeaux avec des bâtons et de passer un ruisseau sur un morceau de bois sans avoir appris les mathématiques...

« Cette notion est indépendante de toute loi, de tout pacte, de toute religion... Elle est aussi claire, aussi universelle que les idées de santé et de maladie, de vérité et de fausseté... Tous les peuples assurent qu'il faut respecter son père et sa mère, que le parjure, la calomnie, sont abominables... Ils tirent donc tous les mêmes conséquences du même principe de leur raison. » (VOLTAIRE, *Le Philosophe ignorant.*)

QUESTIONS A TRAITER OU A MÉDITER. — 1. A quoi peut servir un cours de morale aux écoliers et aux écolières d'une école primaire supérieure? — Sa place dans l'ensemble des études.

2. Lire *Une tempête sous un crâne* (Victor HUGO, *Les Misérables*, liv. VII, ch. III) et montrer comment se forment les jugements et les sentiments moraux.

LECTURES RECOMMANDÉES. — JACOB, *Devoirs* (ch. III, Savoir et moralité). — P. JANET, *Philosophie du bonheur* (chapitre préliminaire).

Éducation de la Conscience

« CONNAIS-TOI TOI-MÊME », CE QUI SIGNIFIE : CONNAIS TES DÉFAUTS POUR LES CORRIGER, TES QUALITÉS POUR LES CULTIVER, TES FORCES POUR NE PAS TE DÉCOURAGER, TES FAIBLESSES POUR NE PAS T'ENORGUEILLIR, CONNAIS-TOI ENFIN POUR TIRER DE TOI LE MEILLEUR PARTI POSSIBLE. (LEGOUVÉ.)

I. Formation de la conscience. — Notre conscience est notre souveraine loi : il n'est aucune force, aucune autorité qui puisse prévaloir contre elle. C'est elle qui prononce sur nos actes en dernier ressort.

Aussi faut-il la cultiver, la former, afin qu'elle ne s'égare et ne se fausse point. Nous ne recevons pas avec la vie une conscience toute prête à sentir et à juger; c'est à nous de la faire, de la rendre droite, sûre, délicate. Et cette œuvre demande une attention de tous les instants, un labeur continu de la volonté.

Du jour où notre première faute a suscité notre premier remords, jusqu'au jour où nous serons en possession d'une conscience éclairée, libre, nous aurons à faire bien des efforts, à rechercher bien des conseils, à accepter ou à combattre bien des influences. Souvent nous faiblirons, mais souvent aussi nous nous relèverons vaillants pour recommencer la lutte contre nos défauts.

Quels moyens avons-nous de former notre conscience?

Dans notre enfance, notre conscience s'éveille et se développe sous l'influence de notre *père* et de notre *mère;* c'est leur approbation qui nous apprend le bien, leur blâme qui nous signale le mal. Pour nous, le devoir est d'être docile : « l'obéissance est la moralité du petit enfant. » (KANT.)

Puis, à l'école, nos *maîtres,* par leurs exemples et leurs conseils, nous enseignent à leur tour ce qui est juste et ce qui est répréhensible.

Des *leçons* spéciales de morale ont pour objet d'éclairer notre volonté et de l'incliner au bien, de former notre sens moral, de l'affermir, de le redresser au besoin.

Les *compagnies* que nous fréquentons, les *lectures* que nous faisons, marquent aussi leur empreinte sur notre conscience : les camarades loyaux et généreux, les livres qui expriment des pensées élevées et des sentiments nobles, nous rendent certainement meilleurs parce qu'ils nous habituent à vivre dans une atmosphère de pureté et de grandeur morale. De même, les mauvaises compagnies, les lectures grossières diminuent la droiture et la délicatesse de notre conscience. Mais c'est surtout de *nous-mêmes*, de notre *volonté* que dépend la valeur de notre conscience. L'éducation du sens moral se poursuit durant tout le cours de l'existence, et l'étude, la réflexion personnelle ont une influence prépondérante sur la formation de notre conscience.

II. L'examen de conscience. — Mais nous avons tous en notre possession le meilleur moyen de faire notre conscience plus droite, plus scrupuleuse, de rendre notre conduite plus conforme au bien, c'est l'*examen de conscience.* Cette pratique nous est recommandée par tous les philosophes. Pythagore conseillait à ses disciples de consacrer quelques instants, matin et soir, à s'interroger ainsi : « Qu'ai-je fait ? — Comment l'ai-je fait ? — Qu'ai-je manqué de faire ? » — Socrate dit aux siens : « Connais-toi toi-même » ; les nobles et sévères stoïciens attachaient un grand prix à cette pratique régulière de l'observation intérieure.

On ne sait pas toujours s'examiner, surtout dans la jeunesse. On fait un grand silence, on écoute, et on s'étonne de ne rien entendre : la « voix de la conscience » reste muette...

On n'entend rien parce qu'on n'a rien demandé, ou parce qu'on a posé des questions à qui n'est pas habitué à répondre.

Pour que la conscience réponde, il faut l'interroger, et l'interroger avec sincérité ; il faut aussi lui apprendre à répondre.

Si vous voulez acquérir cette habitude excellente par-dessus toutes de l'examen de conscience, ne vous dites pas un beau soir : « Qu'ai-je fait aujourd'hui ? — Qu'ai-je à regretter ? — De quoi ai-je à me féliciter ? »

Commencez par une longue séance de réflexion sur vous-même, demandez-vous ce que vous êtes et ce que vous valez au juste ; quelles sont vos tendances habituelles, vos faiblesses, vos ressources. Remontez un peu dans votre vie passée, cherchez quel mobile vous fait le plus souvent agir, quel est votre défaut dominant, votre qualité principale. Regardez en vous avec impartialité comme si vous regardiez l'âme d'un autre. Tâchez de vous voir tel que vous êtes, exactement, courageusement, sans excès d'indulgence ni de sévérité.

Alors, quand vous croirez avoir quelque connaissance de vous-même, faites-vous une règle quotidienne de l'examen de conscience. Essayez d'établir chaque soir, rapidement, le bilan de votre journée : « Qu'ai-je fait ? — Qu'ai-je omis ? — Qu'ai-je acquis ? — Qu'ai-je perdu ? »

Vous arriverez vite, aussi, à prendre l'habitude de faire le matin un petit *examen de prévoyance* qui réglera votre journée et vous permettra d'éviter bien des occasions de mal faire.

III. Utilité de l'examen de conscience. — L'examen de conscience est le plus sûr moyen qu'aient trouvé les plus réfléchis et les meilleurs d'entre nous pour augmenter leur valeur morale et, par cela même, d'atteindre le bonheur le plus complet et le plus pur qu'il soit donné à l'homme de réaliser.

Grâce, en effet, à ce quotidien effort — qui devient bientôt un besoin et une joie — nous voyons plus clair en nous-même, nous nous jugeons avec plus de vérité. La *sincérité avec soi-même*, tel est en effet le premier et heureux bénéfice de quiconque s'examine régulièrement. Celui-là ne trouvera pas de bonnes raisons à ses mauvaises actions qui a l'habitude de sonder leurs motifs profonds : il n'appellera pas son entêtement de l'énergie, sa lâcheté de la prudence, son orgueil de la dignité ; s'il est intolérant, il ne se flattera pas d'avoir du zèle pour la vérité, et, s'il est envieux, il ne se dira pas impartial et juste. « Il est impossible de vivre dans l'intimité de soi-même sans se fortifier et se purifier (1). »

L'examen de conscience, condition d'une haute moralité, est par là une *source de bonheur :* il n'est pas de jouissance comparable à celle de se sentir d'accord avec soi-même. Sans doute il ne faut pas être trop facilement content de soi, et il y a bien de la grandeur morale dans la mélancolie du juste qui jamais n'est satisfait de lui-même, et pense toujours qu'il aurait pu mieux faire. Mais il est pour les hommes en général un état délicieux de calme et de paix que connaissent ceux qui ont coutume d'obéir aux ordres de leur conscience. Les heures inévitables du

(1) H. Dubus, *Leçons de morale.*

tête-à-tête avec eux-mêmes ne sont pas vouées au regret de l'irréparable passé, aux déchirants remords. Viennent pour eux les déceptions, les chagrins que la vie n'épargne à personne, ils pourront souffrir, mais la quiétude profonde de leur âme ne séra pas troublée, parce que leurs souffrances ne dépendent pas d'eux.

Les jours viendront pour vous des douleurs que rien ne peut consoler : des amis que vous croyiez fidèles vous méconnaîtront, vous trahiront peut-être ; les lois inflexibles de la nature vous arracheront les objets de vos plus chères affections. Préparez-vous dès maintenant un asile sûr où vous pourrez vous retirer à ces heures d'affliction : que votre « for intérieur » soit votre refuge dans toutes les douleurs. Vous n'y trouverez pas le bonheur — hélas ! il n'existe pas — mais vous y trouverez le seul adoucissement possible à vos peines. Quand, repoussé de partout, on n'est pas repoussé de soi-même, on n'est pas entièrement malheureux ; en vérité, il est bien des malheurs pour l'homme, mais le plus grand de tous est « d'avoir quelque chose à se reprocher ». (La Bruyère.)

Questions a traiter ou a méditer. — 1. Vous souvenez-vous du moment et de l'occasion où s'est éveillée votre conscience ? Comment éveillerez-vous la conscience d'un petit enfant qui tache et déchire ses vêtements sans se douter de la peine qu'il donne, qui fait du mal aux bêtes pour s'amuser, etc. ?

2. Que pensez-vous de la méthode de perfectionnement de Franklin ?

3. « Dès que tu es seul, descends au fond de ton âme, et tu trouveras en bas, assise sur la dernière marche, la *gravité* qui t'attend. » (A. de Vigny, *Journal d'un poète.*)

Lectures recommandées. — Nicole, *Traité de la connaissance de soi-même.* — Charron, *De la Sagesse* (ch. 1er, 1).

La Liberté morale ou libre arbitre

AGIS COMME SI TU ÉTAIS LIBRE, AFIN DE LE DEVENIR. (A. RENARD.)

JE NE SAIS PAS AU JUSTE QUAND ET A QUEL DEGRÉ JE SUIS LIBRE; MAIS JE SAIS QUE JE DOIS FAIRE COMME SI JE L'ÉTAIS. (F. RAUH.)

I. Définition. — Être *libre*, c'est être maître de sa volonté, c'est pouvoir rattacher ses actes à une décision prise en connaissance de cause.

Vous entendrez parfois nier l'existence de la liberté: des philosophes sont arrivés, par des raisonnements d'apparence solide, à démontrer que l'homme n'est point libre.

II. Preuves de l'existence de la liberté. — Mais ces raisonnements n'ont pu entamer la croyance générale: de tout temps, la majorité des hommes a exprimé sa foi invincible dans la liberté. N'avons-nous pas nous-mêmes le sentiment très proche et très sûr que nous sommes libres, et que nous pouvons nous décider à agir d'après notre seule volonté?

Une preuve que nous sommes libres, c'est que nous hésitons entre plusieurs partis à prendre, nous pesons le pour et le contre, nous délibérons avant de nous décider à l'action. Hésiterions-nous si nous n'avions pas le sentiment très net que nous pouvons choisir?

Ne pouvons-nous pas aussi à notre gré arrêter le cours de nos pensées, en changer l'objet? Quand vous voulez ne donner votre attention qu'à la leçon à apprendre au lieu de laisser votre esprit rêver à une partie de campagne, ne savez-vous pas bien que vous le pouvez?

Et la notion si claire que nous avons de nos fautes, et nos regrets, nos repentirs, nos remords, nos résolutions de réparer le mal que nous avons fait, n'est-ce pas là autant de marques de la liberté que nous avons d'agir?

Si vous êtes sensibles aux punitions, aux récompenses, n'est-ce pas que vous savez de science certaine que vos actes méritent les unes ou les autres ?

Considérez aussi que nous traitons nos semblables comme des êtres libres : nous avons pour leur conduite des louanges ou des reproches, de l'admiration ou du mépris parce que nous sommes convaincus qu'ils ont la plénitude de leur liberté. Qu'on nous dise que tel crime affreux est l'œuvre d'un fou : notre indignation tombe devant l'irresponsabilité du coupable.

Faut-il ajouter enfin que nous avons besoin de cette foi en la liberté pour faire œuvre morale et travailler à la réalisation de notre idéal ? Sans liberté, il n'y aurait plus de moralité, parce que ni le devoir, ni la responsabilité, ni la justice ne pourraient se comprendre. Qu'importe donc que nous ne sachions pas si la liberté est illusoire ou réelle, et dans quelle mesure nous sommes libres, puisque, de l'aveu même de ceux qui nient la liberté, nous devons agir comme si elle existait ?

III. Limites de la liberté. — Nous croyons en la liberté d'une foi profonde. Mais nous la savons, comme nos autres facultés, faible et bornée ; l'expérience nous la montre entravée par bien des obstacles contre lesquels la raison nous conseille de lutter.

La liberté trouve dans notre propre nature de puissants ennemis : c'est notre *tempérament,* héritage de nos ancêtres, qui lutte contre notre volonté et qui souvent l'emporte ; c'est notre *caractère,* solidaire de notre organisme et de notre milieu, qui parfois triomphe de notre raison ; ce sont nos *habitudes* qui tantôt, il est vrai, aident la liberté, tantôt l' « endorment » ou la rendent esclave.

Notre liberté rencontre aussi bien des ennemis extérieurs : c'est la *maladie* qui vient tout à coup paralyser et suspendre nos desseins ; c'est la *pauvreté,* l'insuffisance de ressources qui nous empêche d'accomplir des actes de générosité que nous jugeons nécessaires ; c'est notre *ignorance* du meilleur parti à prendre qui nous en fait choisir un moins bon. On le voit, mille obstacles se dressent devant la liberté pour l'entraver, et nous n'avons pas trop de toute notre pensée réfléchie pour essayer de donner la victoire à la volonté libre.

IV. Pouvoir de l'homme sur lui-même. — Toutes ces entraves n'empêchent pas l'homme de se croire libre avec raison.

Ne sent-il pas qu'il peut, par un effort puissant de sa volonté, s'affranchir de tout ce qui pèse sur sa liberté, de son tempérament, de ses défauts, des obstacles extérieurs même?

Il n'est rien de plus fort au monde qu'une volonté maîtresse d'elle-même, qui s'est faite aussi libre que possible. Dans le domaine moral en particulier, il est impossible de calculer l'étendue des forces humaines. L'homme peut sur lui-même tout ce qu'il veut; il peut refréner ses mauvais penchants, les détruire, et, à force d'énergie persévérante, arriver à n'accomplir que de bonnes actions. L'histoire enregistre à chaque pas des exemples d'hommes qui, après avoir connu tous les entraînements, toutes les fautes, se sont ressaisis, relevés et ont monté par degrés jusqu'à l'entière liberté, jusqu'à l'affranchissement complet. Et sans aller jusqu'à cette perfection, il est une foule d'hommes qui se libèrent peu à peu de leurs ennemis intérieurs, qui chaque jour deviennent plus libres, plus maîtres d'eux-mêmes.

A vrai dire, nous ne valons que dans la mesure où nous savons vouloir librement.

Questions a traiter ou a méditer. — 1. Montrer par des exemples empruntés à la vie quotidienne que tous les hommes croient à la liberté.

2. Indiquer des cas où nous pouvons nous prouver à nous-mêmes notre propre liberté en agissant contre des habitudes prises.

3. Que voulaient dire les stoïciens par ces mots : « Être libre, c'est obéir à la raison? »

Lectures recommandées. — H. Marion, *La Solidarité morale* (1re partie, ch. Ier, II, III). — J. Simon, *Le Devoir* (ch. Ier, la Liberté). — Channing, *Œuvres sociales* (De l'éducation personnelle).

La Responsabilité

TOUT CE QUI ACCROIT LA RESPONSABILITÉ EST UN BIENFAIT POUR L'HOMME. (MARION.)

I. Définition. — Notre raison nous dit que nous sommes libres, que nous pouvons nous décider à agir d'après notre seule volonté. Cette *liberté* crée notre *responsabilité*. Il est juste que nous subissions les conséquences des actes que nous avons voulus ou consentis.

La *responsabilité morale* est donc l'obligation où nous sommes de rendre compte de nos actes et d'en supporter les conséquences.

II. Conditions de la responsabilité. — La *liberté* est la première condition de la responsabilité. Pour qu'une action soit imputable à celui qui l'a accomplie, il faut que son auteur ait été libre de la faire ou de l'éviter. Qui songerait à blâmer un paralytique, cloué sur son lit, de n'avoir pas secouru un des siens en danger?

Une deuxième condition de la responsabilité est l'*intelligence*. Celui qui ne sait pas ce qu'il fait ne fait pas ce qu'il veut, il ne se possède pas lui-même. Le malheureux aliéné ne saurait être responsable du mal que fait son bras : sa volonté libre ne le dirige pas.

III. Degrés dans la responsabilité. — Il suit de là que *tout ce qui diminue la liberté ou l'intelligence* détruit ou diminue la responsabilité.

Aussi la responsabilité comporte-t-elle des degrés : non seulement elle n'est pas la même chez tous les hommes, mais elle varie dans un même homme avec les conditions de son existence.

Admettrons-nous la même mesure de responsabilité pour juger une action coupable, suivant qu'elle sera faite par un enfant, par un ignorant, ou par un homme instruit?

Jugerons-nous avec une égale sévérité l'homme de raison

obscure qui agit sous l'influence de la colère ou de l'ivresse, celui qui est entraîné et poussé à la violence par des orateurs sans scrupules, et celui qui de sang-froid, la raison lucide, a prémédité et accompli son acte? Il suffit de se poser ces questions pour entrevoir la difficulté de juger avec exactitude la conduite des autres hommes. Qu'il est délicat d'apprécier le degré de responsabilité d'un de ses semblables! Combien il apparaît nécessaire de faire intervenir dans nos jugements les circonstances atténuantes telles que l'ignorance, l'irréflexion, la contrainte, la jeunesse, l'éducation, l'hérédité, les exemples, les compagnies, la violence d'une émotion ou d'un sentiment?

Les juges indulgents ont certes moins de chance de se tromper que les juges sévères.

Nous sentons, d'autre part, combien il faut nous tenir en garde contre nous-mêmes et la tendance naturelle que nous avons à diminuer notre responsabilité à nos yeux et à ceux d'autrui. Nous avons tant de bonnes raisons à alléguer pour adoucir la sévérité des jugements qui nous sont défavorables. Cette disposition est mauvaise parce qu'elle est une faiblesse et un mensonge; c'est nous amoindrir que de ne pas nous regarder bien en face et de ne pas nous traiter comme nous le méritons. — Gardons-nous d'être *lynx envers nos semblables et taupes envers nous.*

IV. Responsabilité des pensées et des sentiments. — Jusqu'ici nous n'avons parlé que de la responsabilité des actes, mais nous sommes responsables aussi d'une grande partie de nos pensées et de nos sentiments.

Quand nous nous arrêtons volontairement à de mauvaises pensées ou à de mauvais sentiments, nous sommes coupables, car toute pensée et tout sentiment tendent à se transformer en action. « Entre l'idée d'un acte et l'acte lui-même, il n'y a qu'une différence de degré; toute idée d'action est une action qui commence. » (J. Payot.) Mal penser, c'est déjà mal agir.

Nous avons aussi une large part de responsabilité dans la conduite des autres; quand, par nos conseils, nos exemples, nos ordres, nous avons fait accomplir le mal, nous sommes coupables.

V. Mérite et démérite. — La liberté et la responsabilité créent le *mérite* et le *démérite*.

On a du mérite quand, *librement* et *volontairement*, on obéit à sa conscience et que par là on augmente sa valeur morale; on peut définir le *mérite* un accroissement volontaire de notre valeur morale; on *démérite*, au contraire, quand, par ses fautes, on diminue sa valeur.

Plus le devoir est difficile, plus on a de mérite à l'accomplir : un écolier à qui on offrirait un devoir tout fait à copier aurait quelque mérite à le refuser; un homme qui sacrifierait une partie de ses biens pour sauver l'honneur d'un ennemi accomplirait un acte très méritoire et qui lui donnerait une haute valeur.

Quand le devoir est facile, le mérite est moindre à l'accomplir, mais le démérite est grand à le violer : il est peu méritoire, pour un garçon adroit et vigoureux, d'empêcher un enfant plus faible de faire souffrir un animal; mais il devient odieux pour ce même garçon de voir, sans le protéger, un enfant maltraité; le médecin riche qui refuserait de soigner un malade pauvre de peur de n'être point payé s'avilirait au regard de ses semblables et de sa conscience.

Forts ou faibles, riches ou pauvres, instruits ou ignorants, jeunes ou vieux, nous pouvons tous acquérir notre part de mérite, parce que le mérite réside surtout dans la bonne volonté que nous apportons à faire notre devoir.

VI. Conclusion. — Puisque la responsabilité fait notre noblesse, puisqu'elle s'accroît à mesure que nous devenons plus instruits, plus réfléchis, plus libres moralement, notre ambition doit être non de la diminuer, mais de l'accroître, de *chercher à avoir l'entière responsabilité de notre conduite.*

QUESTIONS A TRAITER OU A MÉDITER. — 1. Quelle responsabilité peut avoir un écolier dans les actions de ses camarades? dans la discipline générale de la classe?

2. Pourquoi l'homme qui se sent entièrement responsable de sa conduite peut-il éprouver une grande et légitime fierté?

LECTURES RECOMMANDÉES. — CHANNING, *Œuvres sociales* (De l'éducation personnelle). — JACOB, *Devoirs* (ch. II, l'Autonomie). — E. MANUEL, *Les Ouvriers.*

L'Homme dans la nature
Dignité de la personne humaine

NE VOUS DONNEZ PAS POUR BUT D'ÊTRE QUELQUE CHOSE, MAIS QUELQU'UN. (V. HUGO.)

I. Place de l'homme dans la nature. — Un grand philosophe grec, Aristote, dit que l'homme résume en lui toutes les formes de la création et qu'en même temps il les dépasse. En effet, l'homme se développe comme la plante, il se meut et il sent comme l'animal. Mais l'animal n'a que des instincts, une intelligence rudimentaire; il ne vit que pour satisfaire les fonctions de la vie matérielle; il est incapable de progrès.

L'homme seul, parmi tous les êtres, possède, avec la parole, les formes supérieures de l'intelligence; il a la *raison*, cette merveilleuse faculté de comprendre, d'acquérir des idées, de les lier entre elles, de concevoir des idées générales, de chercher les causes et les conséquences des faits.

La raison a fait de l'homme le maître du monde; par elle, il a vaincu la nature, il a forcé la terre à le nourrir; il a dompté, lui faible, les plus puissants et les plus féroces des animaux; il a asservi les grandes forces naturelles : l'eau, le feu, l'air, l'électricité. Par elle, il a une existence intellectuelle et morale à laquelle il attache un prix infini : il conçoit la *beauté* et la *perfection* et s'efforce de les réaliser.

« Tous les êtres ont une destination spéciale qui leur est imposée par la nature. Mais cette destination, la plupart l'ignorent en l'accomplissant. Il n'a été donné qu'à un bien petit nombre de savoir qu'ils en ont une. Ce privilège éminent a été réservé aux natures raisonnables et le seul être doué de raison que nous connaissions, c'est l'homme. » (JOUFFROY.)

Quand on songe à tout ce qu'a déjà produit, à ce que produira encore la raison humaine dans le domaine de l'intelligence et dans le domaine moral, à ces savants comme Denis Papin, comme Pasteur, qui, par leurs découvertes, ont changé la face du monde; à ces héros comme Socrate, Épictète, Vincent de Paul, qui, par leurs pensées et l'exemple de leur vie, ont élevé les âmes humaines de plusieurs degrés vers l'idéal, on ne peut s'empêcher d'être fier d'appartenir à l'humanité, d'avoir aussi une raison, une âme capable au moins de comprendre et d'admirer ceux que nous ne pouvons imiter tout à fait.

Le moindre d'entre nous a une valeur qui dépasse toute appréciation par le seul fait qu'il est doué de raison. Rien ne vaut cette faculté; nous ne saurions la subordonner à d'autres biens ni la sacrifier. Que valent la beauté, la fortune, la santé, le pouvoir, en regard de la raison? Qui voudrait ces avantages en échange d'une partie de sa raison? Aussi nulle pensée ne peut mesurer la grandeur de la raison humaine; elle donne à notre personne un prix inestimable, et nous ne saurions admettre qu'il fût porté atteinte à sa dignité.

Ce qu'on appelle *dignité personnelle*, c'est le respect qu'éprouve l'homme pour la raison qu'il porte en lui; c'est en même temps le sentiment que cette faculté précieuse rend sa personne sacrée pour les autres comme pour lui-même.

II. Respect de la dignité humaine. — C'est sur ce respect de notre dignité que reposent tous nos devoirs envers nous-mêmes. Nous sommes tenus de respecter et de faire respecter en nous l'être raisonnable et libre. Voilà pourquoi nous serons tempérants, courageux, sincères; pourquoi nous nous garderons de tout ce qui affaiblit la raison, de tout ce qui nous rapproche des instincts inférieurs. Voilà pourquoi aussi nous exigerons des autres le respect de nos droits, ces droits qui nous permettent d'accomplir nos devoirs.

« L'âme de l'homme ne saurait s'infliger une plus cruelle injure à elle-même que de devenir en quelque sorte un rebut de l'univers, dit Marc-Aurèle. Notre devoir est de calculer nos moindres actions en les rapportant au but supérieur de la vie. Or le but supérieur pour des êtres doués de raison, c'est de se conformer toujours à la raison. »

III. Comment on manque à la dignité personnelle. — Toutes les fois que nos pensées et nos sentiments, notre langage, notre tenue et notre conduite ne sont pas conformes à ce que la raison exige de nous, nous manquons à notre dignité.

Ainsi, laisser volontairement notre pensée s'attacher à des idées de gourmandise et de paresse, — méditer une vengeance, — causer à tort et à travers, — parler avec brusquerie, — employer des expressions triviales ou grossières, — gesticuler à l'excès, — rire bruyamment, — être désordonné, peu soigné sur soi, — manger avec gloutonnerie, — accepter trop aisément l'aide matérielle d'autrui quand on peut s'en passer, — laisser ses parents dans une demi-pauvreté quand on est soi-même dans une large aisance, — n'avoir pas le courage de son opinion, — faire des dettes quand on n'est pas sûr de les pouvoir payer, — flatter ceux de qui on peut attendre des faveurs, etc., voilà autant de manquements à la dignité qui ne nous apparaissent pas toujours comme des fautes, mais qu'une nature délicate s'interdit comme une atteinte à ce qu'il y a en elle de meilleur et de plus noble.

Questions a traiter ou a méditer. — 1. « Qui saurait tout comprendre saurait tout pardonner, » dit Mme de Staël. — De la difficulté de juger exactement la valeur des actes d'autrui. — Ignorance où nous sommes des motifs qui guident nos semblables. — Nécessité de l'indulgence dans le jugement que nous portons sur eux.

2. Les conquêtes de l'intelligence humaine depuis l'époque où l'homme apparut sur la terre jusqu'à nos jours.

Lectures recommandées. — Pascal, *Pensées* (art. XVIII). — La Bruyère, *Les Caractères* (Du mérite personnel).

La Loi morale

IL N'Y A QU'UNE MORALE COMME IL N'Y A QU'UNE GÉOMÉTRIE. (VOLTAIRE.)

Jusqu'à présent nous avons étudié les conditions de notre moralité; la *conscience morale* discerne le bien et le mal, elle nous approuve ou nous condamne suivant que nos actes, accomplis ou non dans la plénitude de notre liberté et de notre raison, nous ont faits plus ou moins responsables.

Il nous reste à nous rendre compte de ce qu'est cette *loi morale* que nous trouvons dans notre conscience et qui nous impose le *devoir*. Vous allez voir que ces idées de loi et de devoir sont simples et claires, que ces termes, quoique abstraits, ne renferment rien de mystérieux et peuvent être compris par toutes les intelligences.

I. *Qu'est-ce qu'une loi?* — C'est une règle générale et constante d'après laquelle s'accomplit un ensemble de faits.

On peut distinguer plusieurs sortes de lois :

1° ***Les lois physiques*** qui régissent les phénomènes extérieurs. Ces lois constatent des faits, elles ne donnent pas d'ordres, ce sont des formules, non des commandements ou des préceptes.

Elles s'appliquent fatalement : les corps abandonnés à eux-mêmes tombent; les corps plus légers que l'eau flottent à sa surface; l'eau portée à 100° bout; au-dessous de 0° elle se solidifie.

2° ***Les lois écrites*** ou lois civiles et politiques que les hommes ont inscrites dans leurs constitutions ou dans leurs codes. Ces lois ont pour objet de régler les rapports des hommes entre eux, de maintenir l'ordre dans les sociétés; elles varient suivant les époques et suivant les pays. La volonté des hommes les a établies; elle peut les modifier, les améliorer, les abolir même. Les lois fiscales ont changé bien des fois; les pénalités ne sont pas les mêmes dans tous les pays, ni dans le même pays à un siècle de distance;

3° ***La loi morale*** est l'obligation que nous impose notre conscience de faire le bien et d'éviter le mal.

Vous le voyez, les caractères de ces trois espèces de lois sont bien différents. La loi morale ne se borne pas, comme les lois physiques, à constater les faits; elle commande à notre volonté d'une manière impérative : *dis la vérité, — sois juste, — soulage celui qui souffre.* La loi morale n'est pas établie par les hommes comme les lois civiles; elle ne peut varier, elle ne peut être modifiée ni abolie. C'est une loi absolue, immuable et parfaite que chacun de nous trouve dans sa conscience, et qui s'impose à tous avec la même autorité souveraine.

Tous nos actes ne tombent pas sous le jugement des lois civiles, ils tombent tous sous le jugement de la loi morale.

II. Caractères distinctifs de la loi morale. — La loi morale, loi de la conscience, loi des êtres raisonnables et libres, est la règle à laquelle l'homme doit se conformer pour réaliser sa destinée d'homme.

Nous savons qu'elle ne ressemble pas aux autres lois. Elle a des caractères particuliers.

Elle est *obligatoire,* c'est-à-dire qu'elle se présente à notre conscience comme l'unique règle à suivre. Elle nous lie, elle s'impose à notre volonté sans toutefois entraver notre liberté. Nous pouvons la transgresser, mais alors notre raison proteste et nous condamne; et, malgré la victoire de nos passions, la loi reste débout, toute-puissante, au fond de notre conscience, pour nous reprocher de l'avoir méconnue.

Elle est *évidente* par elle-même; toute créature raisonnable la trouve en soi et nul ne peut nier son existence. Elle nous apparait aussi clairement que la lumière du jour. La loi morale existe aussi sûrement que la raison, puisqu'elle est la raison même s'appliquant à diriger et à juger nos actes.

Elle est *absolue,* c'est-à-dire que son commandement, toujours parfait, n'admet pas de condition. La loi ne dit pas : sois vrai afin d'être estimé; elle dit : sois vrai. Elle ne reconnait ni dispense, ni prescription. La loi civile peut admettre qu'au bout d'un certain temps une dette non réclamée soit prescrite; la loi morale dit : *paye tes dettes.*

Elle est *universelle* et *immuable :* partout et en tout temps, les hommes ont reconnu l'existence d'une loi de leur volonté. Ils ont pu, en certains pays et à certaines époques, la mal interpréter et considérer comme bons moralement des actes réprouvés en d'autres lieux et en d'autres temps. C'est ainsi que quelques peuplades sauvages croient qu'il est bon d'éviter aux vieillards les souffrances de l'âge en les tuant dès que la vie leur apporte quelque infirmité. Ces erreurs viennent d'une fausse application d'un principe moral, non de l'absence de croyance à la loi de la conscience.

La loi morale ne cesse pas d'exister parce que l'idée qu'en ont les hommes diffère, pas plus que les grandes lois de la nature ne cessent de dominer le monde parce que nous les ignorons : la Terre tournait autour du Soleil bien avant que les hommes s'en fussent rendu compte.

Questions a traiter ou a méditer. — 1. Citez quelques lois naturelles, — quelques lois civiles ; — distinguez-les de la loi morale.

2. N'avez-vous pas entendu quelquefois énoncer de fausses règles de morale? A quoi reconnaissez-vous qu'elles sont fausses? Comment se garder de ces erreurs?

Lectures recommandées. — H. Marion, *Cours de morale* (leçons 3 et 9). — Thamin, *Extraits des moralistes* (liv. III, De l'universalité de la loi morale).

Le Devoir - Les Motifs d'action - La Moralité

LA SCIENCE DU BONHEUR EST D'AIMER SON DEVOIR ET D'Y CHERCHER SON PLAISIR. (RENAN.)

TOUT CE QUI S'EST FAIT DE GRAND DANS LE MONDE S'EST FAIT AU CRI DU DEVOIR; TOUT CE QUI S'Y EST FAIT DE MISÉRABLE S'EST FAIT AU NOM DE L'INTÉRÊT. (LACORDAIRE.)

I. Le devoir. — Le commandement de la loi morale, c'est le devoir ou le bien.

Le *bien,* c'est tout ce que la raison approuve, tout ce qui rend nos facultés plus puissantes, tout ce qui nous fait plus énergiques, plus généreux, plus désintéressés, plus hommes enfin.

Le *mal,* c'est tout ce que notre raison condamne, tout ce qui affaiblit nos facultés, tout ce qui nous rend lâches, égoïstes, tout ce qui fait souffrir autrui, tout ce qui nous rapproche des êtres inférieurs.

Le *devoir,* c'est l'*ordre;* le *mal*, c'est le *désordre moral.* Il est plus facile et plus simple qu'on ne croit de savoir où est le bien. A part quelques cas exceptionnels, une conscience droite qui s'interroge avec sincérité sait où le trouver; il est là où sont la vérité et la bonté; il est dans l'oubli et dans le sacrifice de soi pour le bonheur des autres.

II. Motifs d'action. — On appelle motifs — ou mobiles — d'action tout ce qui nous porte à agir.

Les principaux motifs de nos actions sont: le *plaisir,* la *passion*, l'*intérêt*, le *devoir.*

1° *Le plaisir* nous séduit et nous attire. Faites le compte, au bout d'une seule journée, des actions que vous avez accomplies en cédant à l'attrait du plaisir; vous serez étonnés du petit nombre d'actes qui n'entrent pas dans votre addition.

Il y a certes bien des sortes de plaisirs, depuis le vulgaire plaisir de satisfaire sa gourmandise ou sa paresse, jusqu'au noble plaisir d'admirer un chef-d'œuvre de la nature ou de

Le caractère essentiel de la vertu c'est en effet d'être une *habitude.* Il ne faudrait pas se croire vertueux parce qu'on fait de temps à autre un sacrifice ou parce qu'on a accompli dans sa vie un acte éclatant d'héroïsme.

En résumé, la vertu demande l'exercice de toutes les forces de notre être. C'est avec toute l'âme qu'il faut essayer de la réaliser. Elle est connaissance, amour, effort de volonté sans cesse renouvelé. Mais rappelons-nous qu'elle demande moins de science que de bon vouloir et de persévérance.

III. La vertu est aimable. — Il ne faut pourtant pas se représenter la vertu comme une suite d'efforts toujours pénibles, de sacrifices toujours douloureux.

Les débuts de la vie vertueuse sont difficiles sans doute : il faut plier tout l'être aux commandements de la raison, et, quand nos instincts, notre intérêt, nos affections, réclament ardemment leur satisfaction, il est dur de les refréner. Mais la victoire est douce et génératrice de nouveaux efforts ; et quand nous avons plusieurs fois remporté cette victoire, quand notre raison a pris l'habitude d'être la plus forte, la vertu devient facile, aimable, et notre âme est pénétrée de joie. Vous goûterez quelques-uns des bonheurs de l'existence ; mais aucun n'apportera à votre âme cette plénitude, cette allégresse, cette sécurité que donne la pratique habituelle du bien. Personne mieux que Montaigne n'a dit les charmes de la vertu : « Elle n'est pas plantée à la tête d'un mont coupé, raboteux et inaccessible, elle n'est pas triste, querelleuse, despite, menaceuse, mineuse, elle n'est point un fantôme à étonner les gens, placé emmy les ronces... Elle est logée dans une belle plaine fertile et fleurissante... On y peut arriver par des routes ombrageuses, gazonnées, et doux fleurantes... Elle est belle, triomphante, délicieuse et courageuse ; elle est ennemie irréconciliable d'aigreur, de déplaisir, de crainte et de contrainte. »

Il n'y a rien de trop dans cet enthousiasme de Montaigne pour la vertu. Terminons toutefois par une réserve : la vertu donne assurément les joies les plus pures et les plus durables. Ne les escomptons pas cependant. Les plus vertueux ne sont pas toujours les plus heureux. Nous avons déjà dit la mélancolie de l'honnête homme devant ses imperfections. Il est aussi bien des êtres de vertu dont le cœur est torturé, et la satisfaction de la conscience ne donne pas la joie à une mère qui pleure son

La Vertu

Ses conditions - ses caractères

UNE HIRONDELLE NE FAIT PAS LE PRINTEMPS ; UN ACTE VERTUEUX NE FAIT PAS LA VERTU. (ARISTOTE.)

I. Qu'est-ce que la vertu? — La *vertu*, c'est l'habitude de vivre selon la raison, c'est la fidélité au devoir.

L'habitude de n'obéir qu'à ses instincts, à ses passions, de ne jamais consulter la conscience et d'étouffer sa voix, est le *vice*.

Le mot *vertu* signifie *force :* être vertueux est en effet la marque de la suprême énergie, de la force morale la plus entière. Il faut du courage pour être vertueux; les vicieux n'ont pas la force de résister à leurs penchants pour obéir à la loi de la raison.

II. Conditions de la vertu. — La première condition pour être vertueux est de connaître la valeur des actions que l'on veut faire, c'est-à-dire leur portée sur les autres et leur rapport avec l'idéal. Cela ne signifie pas qu'il faut être savant et avoir étudié beaucoup de théories morales, mais seulement qu'il faut réfléchir avant d'agir et envisager suivant notre culture les résultats de nos actes pour nous et pour les autres.

Mais la *connaissance* du bien ne suffit pas, il nous en faut encore l'*amour :* « le sentiment est plus fort que l'idée; un sentiment intense nous porte droit à l'action. » (RAUH.) Il faut enfin, avec la connaissance et l'amour du bien, la *volonté* de faire tous les efforts nécessaires pour le réaliser.

Penser le bien, l'*aimer*, le *vouloir*, telles sont les conditions nécessaires à la vertu.

L'homme vertueux est désintéressé, il est toujours prêt à faire le sacrifice de son égoïsme, à donner de lui-même tout ce qui peut être bon aux autres. Il n'attend nulle récompense, ne demande pas à être connu, ce lui est une joie d'être ignoré. Pour lui, la vertu n'est plus un commandement de la raison, mais une inclination de tout l'être.

Que nos actions soient dictées par le plaisir, par la passion ou par l'intérêt, leur source profonde est l'*égoïsme*, l'amour de soi sans règle et sans mesure qui nous fait oublier les autres et méconnaître même la justice.

Or, les actions égoïstes s'opposent aux actions désintéressés, à celles qui ont pour l'objet le bien de nos semblables.

4° Aussi, la meilleure règle de nos actions est-elle le *devoir*. On agit par devoir quand on accomplit le commandement de la conscience sans se demander si la conduite qu'il impose satisfait les goûts, les passions, l'intérêt; quand on s'oublie soi-même pour être utile et bienfaisant aux autres hommes.

III. Accord des motifs. — Moralité de nos actes. — Toutefois, ces motifs d'action ne s'excluent pas.

Faire son devoir n'est pas toujours lutter contre ses goûts et contre ses intérêts. Une même action peut être à la fois conforme à l'inclination, à l'intérêt et au devoir. Vous pouvez faire votre travail scolaire par devoir, mais il se peut qu'il vous soit très agréable, et de plus c'est dans votre intérêt, pour préparer votre avenir que vous le faites. Il en est de même heureusement dans un assez grand nombre de cas et, si nous étions plus parfaits, nous aurions toujours plaisir à faire le bien.

N'oublions pas cependant que nos actes n'ont un véritable prix que s'ils sont inspirés par le sentiment du devoir, c'est-à-dire s'ils sont entièrement désintéressés, et si, le cas échéant, nous sommes prêts à sacrifier au devoir notre plaisir et notre intérêt.

QUESTIONS A TRAITER OU A MÉDITER. — 1. A quels signes reconnaissez-vous que vous avez fait une bonne action?

2. « L'homme n'est pas né pour être heureux; il est né pour *être homme* à ses risques et périls. » (RENAN.)

LECTURES RECOMMANDÉES. — EDGAR QUINET, *Être une conscience* (édition du centenaire). — V. COUSIN, *Le Vrai, le Beau, le Bien* (IIIe partie, xve leçon).

l'art. Mais, quelle que soit sa nature, le plaisir doit-il être le but de nos actions? Non, répond sans hésiter la raison, c'est-à-dire la conscience. Nous n'avons guère d'estime pour les hommes qui font profession de ne chercher que le plaisir. Nous admirons, au contraire, ceux qui oublient leur plaisir pour remplir une tâche élevée, ceux qui bravent les fatigues, la douleur pour rendre service à leurs semblables.

Au reste, une vie qui serait consacrée uniquement au plaisir ne serait ni bonne ni heureuse pour celui qui la vivrait. L'expérience prouve que poursuivre le plaisir, c'est se préparer de cruelles déceptions et le plus sûr moyen de trouver la douleur.

2° *La passion* est un mouvement violent de l'âme qui nous attire vers un objet ou nous en éloigne. La colère, l'ivrognerie, l'amour déréglé de la bonne chère, de l'argent ou de la toilette, la haine, l'envie, l'ambition, voilà des passions qui trop souvent sont les mobiles de nos actes. Il en est de nobles : la passion de la science, la musique, l'amour maternel, le patriotisme.

Il ne saurait être question de donner comme but à nos actions la satisfaction de nos passions, car, dans l'âme envahie par la passion, il n'y a plus de place pour la raison réfléchie et, quand la raison ne tient pas le gouvernail, il faut craindre de graves erreurs de direction.

3° De son côté, l'*intérêt* nous conseille gravement de calculer nos actions de manière à nous assurer pour l'avenir le plus de satisfactions et le moins de souffrances possibles.

Sacrifions de petits plaisirs, acceptons de menues privations, des fatigues, des souffrances même, afin de nous préparer un avenir exempt de plus grandes peines, rempli d'autant de bonheur que possible.

Mais nous n'admirons guère, non plus, ces calculateurs dont toute la sagesse consiste à être ingénieux dans l'art de se ménager des joies égoïstes pour l'avenir. Ce sont des esprits étroits et des cœurs fermés. Ils semblent ignorer qu'autour d'eux aiment et souffrent des hommes, leurs semblables, ou, s'ils s'en souviennent, c'est pour faire servir ces hommes à leurs desseins égoïstes.

Au reste, ils ont beau calculer et s'efforcer, ils n'atteindront pas leur but, qui est le bonheur, parce que le bonheur, s'il est quelque part, n'est point dans la satisfaction de notre intérêt et parce que, d'ailleurs, leur intérêt ne sera jamais pleinement satisfait.

enfant. Le plus juste des hommes peut souffrir des sacrifices que lui impose la vertu. Un frère aîné qui, pour élever de plus jeunes frères et sœurs, renonce au bonheur de se créer une famille, peut bien sentir parfois le poids de son sacrifice. Il serait trop facile de multiplier les exemples.

Mais, si tout n'est pas joie et bonheur dans l'âme vertueuse, tout du moins y est *paix* et *unité*, et cela doit suffire à nous faire désirer et aimer la vertu.

IV. Division des vertus. — La vertu est *une* dans son principe. Elle est l'habitude du bien; mais il y a autant de vertus qu'il y a de sortes de devoirs.

Souvent on divise les vertus en deux groupes: les *vertus individuelles* qui ont pour objet notre propre perfectionnement, les *vertus sociales* qui ont pour objet le bien de nos semblables.

Nous n'avons aucune raison de ne pas adopter cette division si claire

QUESTIONS A TRAITER OU A MÉDITER. — 1. Faites, en vous inspirant de Montaigne, le portrait de la jeune fille vertueuse. Montrez combien la vertu véritable a d'agrément et de charme.

2. Que répondre à La Rochefoucauld qui assure que « toutes les vertus vont se perdre dans l'amour-propre, comme les fleuves dans la mer »?

LECTURES RECOMMANDÉES. — LA ROCHEFOUCAULD, *Maximes* (1 à 528). — RENAN, *Discours et conférences* (rapport sur les prix de vertu).

Perfectionnement de soi-même

Formation du caractère

LA PIÈCE LA PLUS IMPORTANTE D'UN HOMME N'EST NI SON SAVOIR, NI SON TALENT, C'EST SON CARACTÈRE. (BRETONNEAU.)

I. Se perfectionner avant de vouloir perfectionner les autres. — Cette division en vertus individuelles et en vertus sociales paraît conforme à la raison. Avant de songer à agir sur les autres, avant de se mettre au service de la société, n'est-il pas raisonnable en effet de chercher à se former soi-même, à se rendre plus fort, plus juste, plus généreux ?

Le commencement de la sagesse individuelle est de ne rien faire qui puisse diminuer notre dignité, de respecter notre qualité d'êtres doués de liberté et de raison.

Mais ce n'est pas tout : il faut perfectionner notre nature, la développer, la fortifier. « Améliore-toi, » dit Gœthe, c'est là le grand précepte de la sagesse personnelle. Or, il n'est qu'un moyen de nous perfectionner, c'est de le *vouloir*. La volonté, le courage, telle est la vertu fondamentale nécessaire pour discipliner notre nature et diriger notre conduite.

Ne croyez pas qu'il soit aisé de se faire une volonté énergique. Bien peu d'hommes ont de la volonté. « Je veux, c'est le mot le plus rare qui soit au monde, quoique le plus fréquemment usurpé, » dit Lacordaire. Examinez la suite de vos actions et voyez combien nombreuses sont celles que dirigent vos instincts, vos caprices, vos impulsions, vos habitudes, l'entraînement moutonnier de l'exemple. Voyez combien rares sont celles que guide une pensée réfléchie.

Avoir de la volonté, c'est d'abord se faire des principes de conduite, prendre des résolutions générales, et c'est ensuite n'agir qu'après avoir réfléchi et examiné chacune de ces décisions à la lumière de ces principes.

II. Qu'est-ce que le caractère? — Le mot *caractère* a deux sens. On appelle communément caractère l'ensemble des dispositions, des manières d'être morales (qualités et défauts) que nous apportons avec nous en naissant.

Mais on dit de celui qui se connaît et se possède bien, qui est capable de soumettre sa conduite à un principe directeur, de réaliser ce qu'il croit bon sans que le plaisir ou la douleur, l'intérêt ou la peur l'arrêtent, que c'est *un caractère.*

III. Formation du caractère. — L'ambition de chacun de nous doit être de devenir un caractère.

Avoir du talent, du génie, cela est admirable, mais cela ne dépend pas de nous, et d'ailleurs la plus belle intelligence peut être jointe à un caractère méprisable. Mais il dépend de nous d'avoir un cœur noble et fier, une volonté libre et forte : cela seul nous rend dignes de respect.

Pour cela, il faut savoir exactement ce que nous avons reçu de la nature et dans quel sens nous devons travailler sur nous-même, il faut connaître au vrai nos ressources, nos capacités et nos insuffisances, notre force d'initiative, d'action, de résistance; en d'autres termes, il faut savoir *ce que nous sommes,* afin de travailler plus efficacement *à ce que nous devons être.*

Une autre condition pour nous perfectionner est d'avoir foi en la puissance de la volonté. L'homme peut sur lui-même tout ce qu'il veut, avons-nous dit; l'étendue de nos forces est incalculable et nul ne saurait dire : je puis aller jusque-là et pas plus loin. On peut d'ordinaire plus qu'on ne croyait : il est en nous des forces insoupçonnées que l'action seule nous révèle.

Du reste, c'est quand il s'agit du perfectionnement de soi que l'action qui ne croit point en elle-même est d'avance frappée d'impuissance, tandis qu'au contraire la confiance dans le succès est presque le succès.

Prenez garde toutefois que cette confiance en votre volonté vous fasse retarder le moment de l'effort, sous prétexte que vous saurez bien, quand viendra l'heure décisive, prendre une résolution énergique et généreuse. Ne dites pas : « Je puis bien satisfaire ma paresse et me lever tard, puisque j'arrive tout de même à achever mon travail. Mais vienne un examen, une composition, je saurai bien me lever de bonne heure. — Je puis bien penser à moi, et vivre pour moi, puisque je ne vois personne qui ait besoin de mon activité. Vienne le moment de travailler pour les autres, je saurai me détacher de mon égoïsme et m'oublier moi-même. »

C'est mal se disposer à l'action et au désintéressement que de commencer par céder à la paresse et à l'égoïsme, et pareille faiblesse prépare la défaite de la volonté. On ne rompt pas aussi facilement et aussi brusquement avec le passé. Comptons plutôt sur nos efforts persévérants, sur les petites victoires répétées que sur ces belles poussées d'héroïsme; apprenons à obéir à la règle — qu'elle vienne du dehors ou de nous-mêmes — dans les petits cas nombreux où l'obéissance est facile : c'est le moyen d'obéir encore quand la règle paraîtra dure.

Disons enfin qu'un excellent moyen de former notre caractère, c'est de prendre de bonne heure et très clairement conscience de notre idéal. Cela aussi est raisonnable : on essaye bien de découvrir vos aptitudes et vos goûts pour diriger votre vocation; n'est-il pas aussi urgent de savoir quelle direction il faut donner à votre développement moral? Quand vous saurez ce que vous êtes, essayez de savoir aussi ce que vous voudriez être. Quelles qualités du cœur et de l'esprit souhaitez-vous d'acquérir? Quel but voudriez-vous proposer à votre activité future? Comment voudriez-vous avoir rempli votre vie quand sonnera votre dernière heure ?

« Une belle vie est une grande pensée de la jeunesse réalisée dans l'âge mûr, » a-t-on dit. C'est en effet dans la jeunesse qu'il faut tracer les grandes lignes de son existence à venir. Avoir devant les yeux un idéal précis et élevé est une force et une sécurité.

IV. La faiblesse de caractère. Ses dangers. — La faiblesse de caractère fait plus de mal dans le monde qu'un grand défaut, que certains vices même. On serait effrayé si on pouvait envisager d'un coup d'œil tout le mal dont peut être cause la faiblesse de la volonté.

C'est elle qui laisse le champ libre aux exaltés, aux violents sans scrupules, si dangereux pour les sociétés. C'est par faiblesse de caractère que l'écolier suit les pernicieux conseils de mauvais camarades, — que la jeune fille cède aux exemples de coquetterie de ses amies, — que l'ouvrier se laisse entraîner à boire le dangereux apéritif, — que l'électeur vote sans réfléchir, — que le journaliste flatte l'opinion au lieu de la redresser, — que l'écrivain n'ose dire les vérités nécessaires au relèvement d'une nation, — que les chefs donnent les places à la faveur, non au mérite, — que les députés suivent l'opinion d'un groupe influent; — c'est par faiblesse de caractère que nous nous inclinons devant la fortune, même mal acquise, — devant la force qui a triomphé du droit; — c'est par faiblesse que nous sommes asservis à l'opinion régnante, à la mode, — que par notre silence nous nous faisons les complices des calomniateurs.

Ces exemples, on les peut, hélas! multiplier à l'infini. Comprenez-vous que le vice de faiblesse soit un grand vice et qu'il importe de former notre caractère et d'aider les autres à former le leur?

Questions à traiter ou à méditer. — 1. « Pensez et dites en ce moment des choses qui sont trop belles pour être vraies en vous. Elles seront vraies demain si vous avez tenté de les penser ou de les dire ce soir. » (Maeterlinck.)

2. La faiblesse de caractère. Cherchez dans l'histoire des exemples de faiblesse de caractère. Montrez le mal qu'elle a causé.

Lectures recommandées. — Rivarol, *De l'homme intellectuel et moral* (Qu'est-ce que le caractère?). — Ribot, *Les Maladies de la volonté* (ch. II, pp. 71 et suiv.). — J. Payot, *Cours de morale* (Devoirs envers la volonté, §§ 68 à 95).

Justice et Charité

I. Ce qui distingue la justice de la charité. — Les *vertus individuelles* ont pour but le perfectionnement de notre âme, les *vertus sociales* ont pour objet le bien de nos semblables. On a l'habitude de résumer les vertus sociales par les deux mots *justice* et *charité*. Deux maximes courantes d'une simplicité lumineuse définissent le sens ordinaire de ces termes :

« Ne fais pas aux autres ce que tu ne voudrais pas qu'on fît à toi-même, » dit la *justice*.

« Fais aux autres ce que tu voudrais qu'on fît à toi-même, » dit la *charité*.

La première marque la limite en deçà de laquelle il n'est pas permis de rester, le minimum de moralité nécessaire à la vie sociale. La deuxième nous indique la règle de nos devoirs envers les autres : agis pour eux comme tu voudrais qu'ils agissent pour toi. C'est Jésus-Christ qui a donné ces deux formules au monde. Mais les hommes ne les ont point toujours bien interprétées; ils les ont disjointes, séparant la *justice* de la *charité*, présentant comme obligatoires les devoirs négatifs de justice et considérant comme des devoirs larges, non obligatoires, les devoirs positifs de charité, comme si Jésus-Christ avait dit : « Mettez en pratique seulement la moitié de mes préceptes. »

Il faut se rendre compte du contenu de ces deux termes : nous verrons que la justice et la charité, tout en restant deux vertus distinctes, sont cependant de la même famille; elles ne peuvent guère exister séparément, et des philosophes ont pu dire que la charité n'est que la justice élargie jusqu'à ses extrêmes limites.

II. La justice. — C'est la vertu fondamentale. Il n'y a pas à dire, il faut commencer par être *juste;* c'est souvent plus difficile que d'être bon. Essayez d'abord de respecter chez vos semblables la vie et la santé, la propriété et la liberté, la réputation et la conscience, c'est cela être juste. Et quand vous aurez éprouvé quelques-unes des difficultés qu'on rencontre pour réaliser seulement la justice, vous répéterez avec le vieil Aristote que cette vertu « est plus admirable encore que le coucher du soleil ».

Phot. Giraudon.

LA CHARITÉ, MÉDAILLE
DE DANIEL DUPUIS.

Il est faux de dire que les devoirs de justice sont négatifs. « Ne vole pas. » « Ne mens pas. » Ce n'est pas là toute la justice. Être juste, c'est d'abord ne pas faire de mal, sans doute; mais c'est aussi réparer ses torts, tenir ses engagements, rendre le bien pour le bien : ce sont là, certes, obligations très positives.

III. La charité. — Ce mot vient du latin (*carus, cher*) et contient l'idée de chérir, d'aimer; il n'appartient à aucune religion, il n'a pas besoin d'épithète; c'est un mot bien français, l'un des plus beaux de notre langue. Il ne faut point le supprimer : un autre ne le peut remplacer; les mots solidarité, fraternité ont un sens différent.

La *charité* est l'amour des autres hommes. L'homme charitable pense que ce n'est point assez de respecter les droits d'autrui et de rendre le bien pour le bien; il sait abandonner ses propres droits pour être utile à son semblable, il sait sacrifier son bien propre à celui des autres, il va jusqu'à « aimer ceux qui le calomnient et le persécutent ».

IV. Rapports de la justice et de la charité. — Il y aura donc toujours lieu de distinguer la *justice* et la *charité*. La plupart des devoirs que nous commande la justice sont exigibles; les autres hommes ont le *droit* de nous obliger à les remplir; des lois faites par la société en assurent la stricte observance. Mais aucune loi humaine ne peut exiger de nous que nous aimions nos semblables, que nous essayions de les comprendre et de nous mettre à leur place par la sympathie, que nous leur soyons dévoués, que nous fassions pour eux des sacrifices.

Ce qu'il faut dire, ce qui est vrai, c'est qu'entre la justice et la charité, il n'y a pas de ligne de démarcation, c'est que de plus en plus on prend à la charité pour en faire de la justice : jadis il n'était point injuste de tuer un homme étranger à la tribu, de crever les yeux du vaincu, de mutiler un esclave insoumis; les épargner était un acte de bienveillance et de charité. Que de conquêtes la justice a faites depuis ces temps lointains!...

Aujourd'hui, on regarde comme un acte de simple justice, de réparation, de donner du pain, des vêtements, un gîte à ceux qui n'en ont pas; de donner aux enfants une instruction élémentaire; on trouve même juste de pardonner et d'oublier certaines fautes que la société aurait pu peut-être empêcher. (Loi Bérenger.)

On a dit que « la charité est la justice à venir ». C'est le généreux rêve d'un grand philosophe (Renouvier). Nous croyons que la charité ne saurait être complètement absorbée par la justice et qu'il lui restera toujours un vaste champ : expliquer sa leçon à un camarade qui ne l'a pas comprise, fortifier l'énergie d'un découragé, pleurer avec ceux qui pleurent et essayer d'adoucir leurs peines, voilà ce qui sera toujours du domaine de la charité.

Il nous appartient à tous cependant de contribuer à élargir et à enrichir l'idée de justice.

Questions a traiter ou a méditer. — 1. Citez des actes que l'on regardait autrefois comme des actes de charité, et que notre époque considère comme de simple justice.

2. Commentez cette phrase du *Pater :* « Pardonne-nous nos offenses comme nous pardonnons à ceux qui nous ont offensé. » — Comment la morale envisage-t-elle le pardon des injures?

Lectures recommandées. — Jacob, *Devoirs* (chap. VIII-chap. XII). — Ch. Renouvier, *Manuel républicain de l'homme et du citoyen* (Justice et Fraternité).

Deuxième partie

LES DEVOIRS

I. *Retour sur la première partie du cours.* — Nous venons d'étudier l'ensemble des principes de la morale : nous savons, pour l'avoir découvert par notre expérience intime et par un effort méthodique de réflexion, que la loi morale est la loi de notre nature; que, libres et raisonnables, nous sommes responsables quand nous la transgressons; qu'entre tous les motifs d'action, le seul qui nous permette de vivre dans l'ordre est le *devoir*. Nous savons aussi qu'en prenant l'habitude d'accomplir le devoir, nous pouvons devenir *vertueux;* que le perfectionnement de nous-même, d'une part, le respect et l'amour de nos semblables, d'autre part, doivent régler toute notre conduite.

II. *Lien entre la première partie et la deuxième.* — Mais il ne suffit pas de connaître les règles du bien et du devoir ni de les considérer de loin : il importe de les appliquer à chacun des actes de notre vie. Nous allons donc chercher quels sont nos devoirs principaux. Nous ne pouvons faire un catalogue où seront énumérés tous les devoirs : il est impossible de prévoir tous les cas particuliers dans lesquels chacun de nous peut se trouver placé. L'essentiel est de savoir que nos études de morale nous laisseront des principes sûrs qui nous guideront dans tous les cas, et que nul de nous ne sera embarrassé pour connaître son devoir, s'il a soin de faire appel à ces principes. C'est ainsi qu'en appliquant la grande règle de Kant : « *Agis de façon que* *la maxime qui dirige ton action puisse être celle de tous tes semblables dans le même cas,* » on a presque toutes les chances de se conformer au devoir. Pour préciser, on peut appliquer cette formule à nos devoirs individuels : *respecte ta dignité et perfectionne ton être;* et cette autre à nos devoirs envers autrui : *respecte le droit de tes semblables et ne leur veux que du bien au fond de ton cœur.* Est-il beaucoup de devoirs qui échappent à ces règles?

S'il est impossible — et du reste inutile — d'énumérer tous les devoirs qu'un homme peut avoir à remplir, il est possible, du moins, de classer dans un ordre assez clair les devoirs généraux qui incombent à tout homme vivant en ce monde. Cela peut nous aider d'ailleurs à résoudre les cas particuliers.

Nous avons tous des devoirs envers nous-mêmes. Ces devoirs ont un double objet : notre *corps,* d'une part, et notre être spirituel, notre *âme,* d'autre part.

Nous avons tous aussi des devoirs envers la *société* au milieu de laquelle nous vivons : devoirs généraux de tout homme envers tout homme, qui se résument dans les devoirs de *justice* et de *charité;* devoirs particuliers à l'égard des sociétés particulières dont nous faisons partie : *école, famille, cité, nation.*

Nous ajouterons à l'étude de ces devoirs très précis les réflexions qu'inspire à l'homme — seul être doué de raison — le spectacle de ce merveilleux univers. Des problèmes se posent qu'il faut envisager avec tout ce qu'il y a de grave et de sérieux en nous.

D'où venons-nous? Où allons-nous? Qui dirige le monde et dans quel but?...

DEVOIRS INDIVIDUELS

Notre Corps

UNE AME SAINE DANS UN CORPS SAIN.
(ADAGE ANCIEN.)
QUAND LE CORPS EST FAIBLE, IL COMMANDE;
QUAND IL EST FORT, IL OBÉIT. (J.-J. ROUSSEAU.)

I. Pourquoi nous avons des devoirs envers le corps. — Il est bon de se faire, autant qu'il est possible, un corps sain, vigoureux, beau. Mais ce n'est pas uniquement pour cela que nous devons donner à notre corps des soins particuliers. C'est parce qu'il y a entre le corps et l'âme une étroite union. Le corps n'est pas seulement, comme on le répète, l'instrument de l'âme; il collabore à sa façon, et dans une large mesure, à la pensée et au sentiment. Le bon état de notre corps est souvent la condition du plein épanouissement de notre vie morale.

II. Le suicide. — Le premier de nos devoirs envers le corps est de ne pas le détruire. La mort volontaire est un crime : l'homme n'a pas le droit de s'ôter la vie qu'il n'a pas eu le pouvoir de se donner. Son existence appartient à la loi morale qui est absolue et inviolable : il doit respecter en lui l'être libre et raisonnable, comme il le respecte dans les autres. Le commandement de la loi est formel : « Tu ne tueras point. » Se suicider, c'est abandonner d'un seul coup tous ses devoirs.

Le suicide ne répare rien, ni la honte, ni le déshonneur, ni le mal qu'on a fait, il nous enlève au contraire toute possibilité de racheter nos fautes.

Si l'on se tue pour éviter la souffrance, c'est un manque de courage. Il faut même remplir ce devoir admirable de résignation à la vie douloureuse qui est un bel exemple pour les autres, quand on a perdu toute espérance de pouvoir être heureux et utile.

III. Conservation et amélioration de notre santé. — Il est heureusement rare d'avoir à lutter contre ceux qui veulent sortir de l'existence. Mais on rencontre trop d'hommes qui n'ont pas pour leur corps les soins et le respect qu'il mérite à titre de sanctuaire de l'être spirituel.

Sans doute, tous voudraient bien garder leur santé, conserver le bon fonctionnement de leur système nerveux, mais sans effort, sans sacrifice de leurs goûts. — Combien résistent aux tentations de la gourmandise qui altère l'estomac, alourdit l'intelligence, affaiblit la volonté? — Qui veut, d'une énergie toujours égale, se lever tôt et se coucher de bonne heure? — Qui emploie, autant qu'il est nécessaire, l'eau et le savon, ces deux amis de notre corps? — Enfin, combien préfèrent au cabaret ou au café-concert une saine promenade en plein air?

On peut bien donner le nom de vertu à la *sobriété,* qui consiste à user modérément des aliments et des boissons, qui fait le corps robuste, l'intelligence lucide, la volonté forte.

C'est une belle vertu aussi que la *propreté* — et si féminine. — Elle est l'indice presque certain de la pureté morale : qui ne veut pas de souillure sur soi n'en veut pas en soi. La propreté est sœur de la décence.

IV. Conclusion. — Se faire un corps sain par l'exercice, par la sobriété, par la propreté, en un mot, par l'observation de l'hygiène, cette « morale du corps », c'est déjà un premier signe du respect de soi; car le corps traduit notre âme au regard d'autrui. Les vertus de propreté, de sobriété, de tenue nous ouvrent assurément le chemin des grandes vertus. « Travailler au progrès de la culture physique, dit l'auteur de *Mon système* (1), c'est travailler au progrès de la culture morale...

« Ce n'est pas pour faire un acrobate ou un hercule que je consacre tant d'efforts à l'éducation physique de mon fils. Mais

(1) Petit livre de conseils hygiéniques et de gymnastique que nous ne saurions trop recommander à la jeunesse française. *Mon système,* par J.-P. Muller (chez Gamber).

je pense toujours à cette parole d'un vieux docteur : « Toute la « force et toute l'intelligence d'une race dérivent de la santé « physique de l'enfant. »

Il va sans dire que le devoir de conserver notre vie et notre santé s'efface devant les devoirs supérieurs que nous avons envers notre famille, notre patrie, nos semblables en général. Si nous entretenons notre existence et nos forces, c'est pour les employer à perfectionner notre intelligence et notre cœur, à servir les autres. Quelle valeur aurait la vigueur corporelle pour le lâche qui refuserait de faire œuvre active, par exemple d'aider sa famille, ses amis, ou de défendre son pays?

Sacrifier sa vie, sa santé pour les siens, pour la patrie, pour l'humanité, est un acte d'héroïsme.

L'Alcoolisme

L'ALCOOLISME EST UNE MALADIE SOCIALE. IL N'Y A PAS DE MAL PLUS GRAND A L'HEURE ACTUELLE DANS NOTRE PAYS. (Dr LEGRAIN.)

I. Pourquoi nous étudions cette question de l'alcoolisme. — L'alcoolisme fait tant de mal à notre pays que, depuis 1897, les pouvoirs publics ont décidé de faire enseigner dans les écoles les dangers dont l'alcool menace l'individu, la famille, le pays, la race, l'influence désastreuse qu'il exerce sur la vie économique, sur la moralité générale (dégénérescence, suicide, criminalité, etc.).

A mesure qu'on examine de plus près les ravages produits par ce vice, on sent la nécessité pressante de lui trouver des remèdes énergiques sous peine de voir compromettre à tout jamais l'avenir de la famille, de la race française.

II. Qu'est-ce que l'alcoolisme? — C'est l'abus des boissons fermentées; c'est un empoisonnement plus ou moins rapide, mais certain, qui se manifeste par des troubles de l'organisme, par la diminution des forces physiques et intellectuelles, par l'affaiblissement de la volonté.

L'alcoolisme est un état permanent, une vraie maladie, très difficile à guérir quand on l'a contractée.

On devient alcoolique en s'enivrant souvent. Mais on peut devenir alcoolique sans jamais s'enivrer. Ceux qui prennent tous les jours un ou deux petits verres; ceux qui, le matin à jeun, absorbent de l'alcool; ceux qui ont l'habitude de l'apéritif (vermout, amers, absinthe, etc.) sont — ou deviennent — des alcooliques.

III. Effets de l'alcool. — ***1° Sur le corps.*** L'alcool ne nourrit ni ne réchauffe, il ne réconforte pas, il n'active pas la digestion, au contraire. Il n'a rien d'un aliment : la réaction qu'il produit abaisse la température du corps; il excite et ne donne que l'illusion de la force, il diminue la sécrétion du suc gastrique.

Voilà ses effets les plus certains : il atteint successivement tous les organes des sens ; sous son action, la vue s'affaiblit, la parole devient embarrassée, les oreilles bourdonnent, le tact même s'émousse.

L'alcool attaque tous les organes vitaux ; il congestionne et enflamme l'estomac, rend la digestion difficile et imparfaite ; il ulcère les intestins, détermine de graves affections du foie. Il irrite les bronches et prépare le larynx et les poumons à être ravagés par la tuberculose. Il corrompt le sang, altère les reins, le cœur et le cerveau qu'il paralyse et dont il décompose les tissus (troubles divers : épilepsie, folie, apoplexie, paralysie, gâtisme, delirium tremens).

2° *Sur l'intelligence et la moralité.* L'excitation momentanée et toute factice que donne l'alcool fait rapidement place à l'engourdissement de la pensée. L'habitude de rechercher cette excitation amène un affaiblissement marqué de l'intelligence. L'alcoolique devient bientôt la proie des illusions, des hallucinations ; son intelligence et sa volonté se dégradent peu à peu, les hallucinations peuvent aller jusqu'au délire, jusqu'à la folie.

Les asiles d'aliénés sont peuplés en grande partie par des alcooliques ; les médecins remarquent que le nombre des fous est en croissance parallèle avec la consommation de l'alcool.

L'alcoolisme engendre bien des vices : la colère, la paresse, l'égoïsme ; il fait perdre le sens moral, pervertit les instincts naturels et peut conduire au crime.

IV. L'alcoolisme dans la famille. — Nous ne décrirons pas l'alcoolique ; nous ne ferons pas le lamentable tableau d'un intérieur où le père ivrogne est la honte de son foyer qu'il ruine (1), qu'il transforme en enfer, où les disputes, les mauvais propos, les coups, réduisent une femme et des enfants à la plus misérable des conditions ; ce sont choses trop connues, hélas ! Et l'alcoolique n'est pas seulement le fléau des siens durant sa vie : par une cruelle et fatale solidarité, il leur transmet un héritage de souffrances et de misères. Les enfants des alcooliques sont condamnés à être des dégénérés physiquement et moralement ; ils naissent débiles, nerveux à l'excès, proie facile des convulsions

(1) Qu'on fasse le compte des dépenses d'un ouvrier au cabaret : deux petits verres : 0 fr. 20, deux bouteilles de vin : 0 fr. 80. — Voilà 1 franc dépensé. Avec 1 franc, l'ouvrier aurait le pain quotidien de sa femme et de ses trois enfants.

et de la paralysie infantile; souvent ils sont rachitiques, arriérés, tuberculeux, épileptiques. Ils héritent à coup sûr d'une tendance à l'alcoolisme. Quand on lit les consciencieuses statistiques faites par les médecins, on éprouve un sentiment d'effroi. Un exemple seulement : sur 83 enfants idiots et épileptiques, il y en a 60 qui sont des enfants d'alcooliques.

V. Dangers de l'alcoolisme pour la société. — L'alcoolisme est la plus grande cause de ruine pour un pays. Les ouvriers qui boivent des liqueurs fortes produisent moins de travail; les maladies, les contagions ont plus de prise sur eux. Au lieu de collaborer par leur travail régulier à la fortune du pays, les alcooliques deviennent pour lui une lourde charge : ils encombrent les asiles et les hôpitaux. On a calculé que l'alcoolisme coûte à la France environ *un milliard et demi*, plus que les budgets de la guerre et de la marine réunis!...

Et que de crimes, de suicides ont pour cause ce terrible vice! La marche de la criminalité suit les progrès de l'alcoolisme : on peut voir que dans les trois départements (1) de France où se consomme le plus d'alcool, la proportion des criminels est de 8 pour 100, tandis que dans les départements (2) où l'on boit le moins d'alcool, elle n'est que de 3 pour 100.

L'alcool fait de nos jours plus de victimes que ces trois fléaux historiques réunis : *famine, peste, guerre.*

Questions à traiter ou à méditer. — 1. L'eau, l'air, le soleil sont trois grands médecins.

2. « Il vaut mieux perdre la vie que de perdre ce qui lui donne sa valeur. » (Lalande, *Précis de morale pratique.*)

Lectures recommandées. — J. Muller, *Mon système* (chez Gamber). — Lectures pour tous, *Ravages de l'alcoolisme* (numéro de décembre 1905).

(1) Calvados, Seine-Inférieure, Eure.

(2) Creuse, Lozère, Haute-Vienne.

Lutte contre l'Alcoolisme

SI LA FRANCE NE DÉTRUIT PAS L'ALCOOLISME, L'ALCOOLISME DÉTRUIRA LA FRANCE. (H. L.)

On ne saurait peindre sous des couleurs trop sombres le tableau des ravages faits par l'alcoolisme. Notre pays en meurt. C'est un devoir pour tous de lutter contre ce fléau. Mais, pour lutter avec méthode, il importe de bien connaître les causes du mal qu'on veut détruire.

I. Causes de l'alcoolisme. — La première cause de l'alcoolisme, c'est l'*ignorance*. Le plus souvent, on commence à boire parce qu'on ne sait pas quels dangers fait courir, tant au corps qu'à l'âme, la consommation habituelle d'alcool. Si le futur alcoolique pouvait entrevoir l'état de déchéance dans lequel il tombera, il mettrait toute son énergie à rompre avec l'habitude naissante; mais il ne sait pas, il ne croit pas que les premiers verres d'absinthe feront de lui un esclave.

Et puis l'*oisiveté*, la *gourmandise*, le *manque de distractions saines* viennent par surcroît faciliter à l'adolescent ses premiers pas vers le cabaret. Le *grand nombre de cafés*, le *bon marché des liqueurs* dites hygiéniques, sont d'invincibles tentations pour les jeunes désœuvrés et même pour de bons travailleurs. L'*amour du jeu* trouve au café des occasions nombreuses et variées de se satisfaire. Et puis, quelle énergie ne faut-il pas à celui qui veut passer devant le bar sans en franchir le seuil et qui s'entend dire : « Tu n'es pas un homme! Tu n'as pas de cœur! » Il hésite, mais l'amour-propre a bientôt vaincu ses derniers scrupules.

C'est dans l'adolescence que se contractent le plus souvent les habitudes d'alcoolisme. Mais combien de jeunes hommes sobres deviennent des maris et des pères alcooliques! Là, il faut encore accuser l'ignorance, mais l'*ignorance de la femme*, son désordre, les défauts de son caractère. Que de femmes d'ouvriers, d'employés, ignorent l'art de tenir une maison! Elles n'ont *pas appris à faire la cuisine*, et, au lieu de mets sains, variés et appétissants, elles servent des aliments mal cuits ou brûlés, de la charcuterie épicée qui sollicite la soif. Elles n'ont *pas appris à faire le ménage*, et les lits en désordre, les vêtements non brossés, empilés sur les chaises ou accrochés aux espagnolettse, les ustensiles de cuisine posés un peu partout, la poussière mal essuyée, font un intérieur où personne ne se plait. Elles n'ont *pas appris à coudre*, et le linge de la maison, les vêtements du mari et des enfants tombent en loques; personne au logis ne connait la joie de se sentir habillé proprement et avec goût. Elles n'ont *pas appris l'art d'être maman*, et les petites maladies évitables ne sont pas évitées, les pleurs et les cris des enfants lassent le père déjà fatigué; la mauvaise humeur et les gronderies inconsidérées de la mère ne sont pas faites pour ramener la paix au foyer. Que d'hommes sont ainsi poussés au cabaret par l'incurie d'une femme et le désordre d'un logis mal accueillant!

II. Remèdes à l'alcoolisme. — **La connaissance des causes nous aide à trouver les remèdes.**

Et d'abord, il faut pourvoir à l'*ignorance*. L'enseignement antialcoolique doit être l'objet principal de nos efforts. Chacun peut et doit le donner. Vous le recevez en classe. Vous-mêmes, jeunes élèves, n'hésitez jamais à dire, avec déférence et modération, ce que vous savez des dangers de l'alcool à ceux que vous voyez en absorber. Pénétrez-vous bien et essayez de pénétrer les autres de cette vérité, que l'alcool ruine la santé, transforme des êtres intelligents en brutes et en fous, et détruit les familles. Assurez-vous bien et assurez les autres qu'être un homme, ce n'est pas savoir, sans sourciller, « vider un verre » de poison, mais que c'est savoir résister à la tentation cent fois répétée d'entrer à l'estaminet et de boire comme les camarades.

Quand la femme sera la cuisinière entendue et proprette, la ménagère adroite et soigneuse qui sait varier les mets, les présenter avec goût et faire des heures de repas une petite fête calme et joyeuse; quand elle sera la compagne douce, d'humeur égale, la mère attentive qui sait rendre le foyer agréable et réconfortant pour tous, qui sait apprendre aux enfants la tendresse et le respect pour le père laborieux, croyez que le logis clair et paisible sera moins souvent déserté pour le bar enfumé et bruyant.

Mais l'instruction seule ne suffirait pas à retenir l'homme en face de sa passion. Il importe aussi de le pénétrer du sentiment de sa dignité, de sa liberté, de ses devoirs envers les siens, de fortifier sa volonté, de redresser sa conscience pervertie.

Enfin, il est nécessaire d'aider par des moyens effectifs la masse des *faibles* qui ne savent pas se dégager d'une habitude prise, ou se laissent entraîner par le nombre.

Il y a là une *œuvre privée* et une *œuvre publique.* Apprenons aux oisifs à se distraire ailleurs qu'autour de la bouteille et de la table de jeu. Que de récréations saines, bienfaisantes, sources de joies durables, ils ignorent! (Voir pages 72 et suiv.) Prouvons-leur qu'une joyeuse partie de campagne, une bonne lecture, l'audition ou l'exécution d'un beau chant ou d'un beau morceau de musique satisfait autrement l'esprit et le cœur qu'une partie d'écarté coupée de gorgées d'absinthe.

Nous pensons toutefois que la bonne volonté privée seule est impuissante à enrayer le fléau qui décime notre pays; nous regardons comme *un devoir de l'État* d'employer les moyens énergiques qui ont réussi à d'autres nations — la Suède et la Suisse par exemple — pour corriger les mœurs actuelles.

On aura beau faire enseigner aux maîtres de l'enfance les terribles effets de l'alcool, le mal est trop profond pour que ce moyen suffise à le guérir.

D'abord, en attendant le vote de la loi en discussion au Parlement pour la réglementation du nombre des débits de boissons, les municipalités n'auraient-elles pu tirer de la loi municipale de 1884 les moyens d'en enrayer le constant développement? (1). N'est-ce pas effrayant de voir que, dans les grandes villes, sur environ quatre boutiques ouvertes, il y en a une qui est un café ou un comptoir? L'ouvrier qui part le matin en compagnie de quelques camarades résiste devant cinq, six de ces comptoirs, mais sa résistance est vaincue devant le dixième!

Qu'on supprime le plus grand nombre possible de cabarets, « ces agents de démoralisation, ces traits d'union entre les victimes de mauvais entraînements, ces lieux où s'enfantent les soulèvements collectifs qui font trembler pour la sécurité publique; qu'ils rendent l'ouvrier à son travail, qu'ils rendent à la famille l'époux, le père qu'ils débauchent et déshonorent ». (Dr Legrain.)

Les *cafés de tempérance* abondent à l'étranger. Pourquoi n'avons-nous pas, en France, de ces établissements confortables

(1) A Lyon, il y a quelques années, le maire réussit à obliger 1200 bars et comptoirs à se fermer, rien qu'en faisant voter de sérieuses surtaxes sur l'alcool.

et soignés où l'on trouve à des prix modiques des boissons saines, des aliments excellents?

Qu'on abolisse le privilège désastreux des bouilleurs de cru. Nous avons en France 500 000 bouilleurs de cru qui peuvent, sans payer d'impôt, fabriquer de l'alcool. Beaucoup d'entre eux le répandent clandestinement dans le commerce. Il y a là une source d'empoisonnement à tarir.

Mais le moyen le plus sûr de diminuer les ravages de l'alcool, c'est d'en donner le *monopole* à l'État, qui pourra ainsi restreindre et régulariser sa fabrication, prohiber certains produits dangereux, exercer un contrôle sur la production.

La monopolisation de l'alcool en Suisse a fait diminuer de 25 pour 100 la consommation.

III. Conclusion. — Chacun de nous doit, selon ses moyens d'action, lutter contre l'alcoolisme. L'œuvre est si vaste qu'elle admet toutes les bonnes volontés : le maître à l'école, l'officier au régiment, l'écrivain dans ses œuvres, le conférencier à la tribune, le patron à l'atelier, le père et la mère, l'enfant même, dans la famille. Il nous appartient à tous de travailler à susciter un mouvement d'opinion qui oblige nos législateurs à lutter efficacement contre l'alcoolisme. Les Français ont fait des révolutions plus difficiles... La guerre à l'alcool est, comme tant d'autres nobles croisades, la guerre à l'*ignorance.*

Questions a traiter ou a méditer. — 1. « Chez nous, tout mal vient d'ânerie, » dit Montaigne. Appliquez cette affirmation à l'ignorance populaire des effets de l'alcool.

2. Quel rôle une jeune fille — ou un jeune garçon — peut-il jouer dans la lutte contre l'alcoolisme?

Lectures recommandées. — Dr Legrain, *L'Alcoolisme.* — Van Laer, *L'Alcoolisme et ses remèdes.* — Alglave, *Monopole de l'alcool.*

Notre Ame

BIEN VIVRE, C'EST A LA FOIS BIEN PENSER, BIEN SENTIR ET BIEN AGIR. (H. L.)

I. Richesse de la vie spirituelle. — Nous arrivons à l'étude de nos devoirs envers notre *être spirituel, notre âme,* qui gouverne notre corps.

Pour essayer de voir plus clair dans le monde si riche et si varié de l'âme, les psychologues ont classé en trois groupes les facultés ou puissances d'agir de notre être spirituel : la *sensibilité* ou le cœur, qui aime ou qui hait; l'*intelligence,* qui pense, juge, raisonne; la *volonté*, faculté morale par excellence, qui nous détermine à l'action. Cette division n'enlève rien à l'unité de l'âme. Il n'y a pas plusieurs êtres en nous; il n'y a qu'une âme qui sent, qui pense, qui veut, successivement ou tout ensemble.

Nous étudierons nos devoirs envers chacune de ces facultés ou fonctions de l'âme.

II. Devoirs envers notre sensibilité. — Le devoir fondamental est la *modération*. Elle consiste à régler suivant la raison ses désirs, ses passions, les jouissances de l'esprit comme celles du corps. Les anciens l'appelaient *tempérance*, mot qui signifie état d'une âme bien équilibrée.

La raison ne nous demande pas de renoncer à tous les plaisirs, mais à ceux qui diminueraient notre dignité (comme les mauvaises lectures) ou seraient dangereux pour notre corps (comme l'excès dans le boire ou le manger). Elle nous ordonne aussi d'user avec mesure des plaisirs permis.

Une âme bien équilibrée n'est ni indifférente ni passionnée : c'est la *raison* qui domine tous ses mouvements; elle est toujours maîtresse d'elle-même. Elle sait qu'elle doit détruire ou empêcher de naître en elle tous les sentiments vils : ni la *colère*, cette folie passagère; ni l'*orgueil*, cette estime exagérée de soi qui nous aveugle sur la valeur d'autrui; ni l'*envie*, cette souffrance odieuse que fait naître le bonheur des autres, n'ont de prise sur elle.

Mais une telle âme n'est pas non plus indifférente. S'il est des sentiments qu'elle combat et réprime, il en est qu'elle cultive et fortifie : le sage aime sa famille, ses amis, son pays d'une vive et forte affection. Et puis, il est de nobles passions, d'ardents enthousiasmes qu'approuve la raison (passion de la vérité, enthousiasme pour le beau).

III. Devoirs envers notre intelligence. — Le bien de l'intelligence, c'est la *vérité*. D'instinct nous la cherchons et nous éprouvons une émotion heureuse, quand nous l'avons découverte.

Aussi le devoir essentiel envers l'intelligence paraît-il être de nous instruire, afin de connaître le plus possible de vérité. Ceux qui assurent que l'instruction rend orgueilleux et égoïste ont tort : le vrai savoir rend modeste et désintéressé. Il n'est guère vrai non plus que la science enlève le goût du travail manuel, de l'agriculture : un travailleur manuel ou un ouvrier agricole qui raisonne son travail, qui en connaît les principes, le fait avec plus de goût et de plaisir.

Surtout, la *science* est pour le travailleur manuel un délassement élevé : elle l'intéresse à autre chose qu'aux événements futiles de son voisinage ; elle l'enlève au cabaret et aux distractions dangereuses; elle l'aide à fortifier sa réflexion, à juger sensément les fausses théories de camarades exaltés ou d'écrivains mal informés. Heureuse la famille dont le chef emploie à cultiver son esprit une partie des loisirs que lui laisse son travail !

Il est surtout une science de laquelle nous tirons un profit incomparable : c'est la *science morale*. A mesure que nous apprenons à mieux connaître le bien, il s'impose davantage à notre volonté ; notre conscience devient à la fois plus délicate et plus sûre d'elle-même ; c'est à elle, non à une conscience étrangère, que nous demandons la règle de nos actions.

Le premier devoir envers notre intelligence : *rechercher la vérité*, se complète par cet autre : *exprimer toujours la vérité*, n'accepter qu'elle, ne jamais faire servir notre intelligence à autre chose que ce qui est sa fin, la vérité.

Il y a bien des manières de manquer à ce qu'on doit à son intelligence. Quand, lassé d'une recherche, vous vous contentez d'une solution approximative, — quand, par paresse d'esprit, vous acceptez, sans les contrôler par votre réflexion, les opinions de votre journal ou de quelque homme influent, — quand vous laissez des superstitions entrer dans votre pensée, — quand, par respect humain, vous n'osez pas agir suivant vos convictions, — quand vous répétez verbalement ou par écrit des choses que vous n'avez pas comprises, — quand vous n'avez pas l'énergie de commander à votre attention pour l'obliger à examiner une idée ou un ensemble d'idées (travail de composition) ou pour la contraindre à regarder en vous-mêmes afin de vous dire exactement ce que vous valez, — quand, vous dupant vous-mêmes, vous cherchez de bonnes raisons à de mauvaises actions, prenez garde, vous péchez contre votre intelligence, vous manquez de *sincérité* envers vous-mêmes.

IV. Devoirs envers notre volonté. — C'est par la volonté que nous valons tout notre prix. « L'homme ne vaut pas en raison de ce qu'il *pense*, mais en raison de ce qu'il *veut*. On peut être un éminent esprit et un pauvre homme. » (A. Nicolas.)

On n'est pas déshonoré pour être inintelligent, on l'est pour être lâche.

La grande vertu de la volonté, c'est le *courage* qui revêt bien des formes. Par lui nous endurons toutes les souffrances, nous bravons toutes les difficultés; par lui nous gouvernons tous les mouvements de notre âme.

C'est le courage qui fait les héros; mais les plus grands et les plus purs ne sont pas toujours ceux qui ont accompli des actes éclatants d'héroïsme. Qui de nous n'a pas le bonheur de connaître, de près ou de loin, des êtres de courage qui, dans le silence et l'obscurité d'une humble vie, remplissent des tâches pénibles et ingrates, sacrifiant leur santé, leur légitime désir de culture personnelle, à la tranquillité matérielle et morale de leurs proches et à leur bonheur?

V. Conclusion. Harmonie des vertus individuelles. — Nous avons dû, pour en faciliter l'étude, distinguer les trois puissances spirituelles qui constituent notre être intérieur. Mais qui ne voit les liens étroits qui rattachent les unes aux autres les trois vertus de modération, de sincérité et de courage et qui en font un tout. Comment pourriez-vous renoncer à un plaisir pour accomplir un devoir, si vous n'aviez à la fois l'*intelligence* qui vous éclaire sur votre devoir, la *sensibilité* qui vous le fait aimer, le *courage* qui vous donne la force de le réaliser?

Qui ne voit que les défauts aussi font un tout? La colère n'est-elle pas à la fois un défaut de modération, une vue incomplète des choses et un manque de volonté ?

Croyez bien que si vous développez une de vos facultés, toutes les autres y gagneront; plus de science vous rendra plus maître de vous-mêmes ; vous ne pratiquerez point la patience sans que votre intelligence en reçoive plus de clarté et votre sensibilité plus de mesure.

Notre âme est *une* et toutes ses forces concourent à sa perfection totale.

Questions a traiter ou a méditer. — 1. Est-il vrai que notre valeur morale s'accroît avec notre savoir?

2. Diderot trouve ridicule de dire : « Autant d'avis que de têtes, parce qu'il n'est rien d'aussi commun que des têtes, et rien d'aussi rare qu'un bon avis. » Pourquoi les gens qui ne pensent pas par eux-mêmes et vivent dans un état de servitude intellectuelle sont-ils si nombreux?

Lectures recommandées. — Jacob, *Devoirs* (ch. VI). — Marion, *Psychologie* (leçon V).

Nos qualités et nos défauts

EXAMINEZ VOTRE CARACTÈRE ET METTEZ A PROFIT VOS DÉFAUTS ; IL N'Y EN A POINT QUI NE TIENNE A QUELQUES VERTUS ET QUI NE LES FAVORISE. (Mme DE LAMBERT.)

Maintenant que nous savons quelle direction générale imprimer à chacune des forces de notre âme, il peut nous être utile d'étudier en particulier quelques-uns des défauts et des qualités qui se développent en nous suivant notre manière de vivre.

I. Qualités et défauts de la sensibilité. — La modération dans le boire et le manger s'appelle la *sobriété;* elle s'oppose à la *gourmandise*, à la *gloutonnerie*, à l'*ivrognerie*, défauts grossiers qui mettent l'homme au-dessous des bêtes, car les bêtes ne mangent ni ne boivent pas plus que ne le veut la nature.

La modération dans l'usage des biens matériels est l'*économie*, l'*épargne*. Ces qualités impliquent une certaine maîtrise de soi et un certain esprit de sacrifice. Il faut, pour épargner, lutter contre le désir de jouir immédiatement de ce qu'on possède; d'autre part, on économise plus souvent pour les autres que pour soi.

Le défaut de modération dans l'usage des richesses est tantôt *avarice* et *cupidité*, vices absurdes qui nous font les esclaves de nos biens, tantôt *prodigalité, amour du luxe,* défauts trop répandus, révélateurs d'une âme légère et égoïste.

La modération dans les sentiments fait la modération dans les paroles et dans les actes. Celui qui se laisse aller à la *colère* détruit l'équilibre de son âme et entrave lui-même sa propre liberté. La colère est un bouillonnement impétueux de tout l'être qui ne se connaît plus, ne raisonne plus, ne juge rien avec exactitude. L'homme en colère prononce des paroles odieuses, fait des gestes violents et dangereux, parfois irréparables; il répand autour de lui la crainte, les larmes, les injustices.

Le meilleur remède à la colère devrait être l'humiliation qui suit l'accès : un coléreux qui, de sang-froid, se représenterait exactement ce qu'il était durant sa colère, mettrait son amour-propre à ne plus jamais se retrouver dans cet état.

II. Qualités et défauts de l'intelligence. — La grande qualité de l'intelligence, le *goût de la vérité,* se manifeste de bien des manières. Elle prend le nom de *curiosité* chez le savant -- et même chez l'ignorant — quand elle est l'effort pour acquérir chaque jour plus de connaissances utiles, pour apprendre à mieux user de son intelligence, à la rendre plus perspicace. C'est cette curiosité de bon aloi qui fait de nous des esprits libres, désireux de se former des opinions personnelles au lieu d'accepter les yeux fermés les croyances d'autrui.

Tel est, en effet, le plus beau résultat que puisse acquérir l'intelligence : penser par soi-même, juger avec sa propre raison, être le véritable auteur de ses pensées, n'accepter les idées étrangères qu'après les avoir fait passer par « l'étamine de notre jugement » (1). Quelle rare qualité ! Ceux qui l'ont ne sont point des esprits crédules et faibles dont le savoir est fait de superstitions, d'opinions empruntées à leur journal ou à leur milieu ; ce sont de libres esprits, difficiles en fait de preuves, n'affirmant qu'à coup sûr, ne cédant qu'à l'autorité de la raison, tolérants par cela même.

Quel pays que celui qui compterait une majorité d'esprits ainsi formés à la discipline de la vérité !

Quand l'amour de la vérité se traduit par l'attention scrupuleuse à ne jamais rien dire aux autres que ce qui est, il s'appelle *véracité, franchise.* Il prend le nom de *sincérité* chez celui qui est aussi vrai envers lui-même qu'envers ses semblables.

Savoir se mettre exactement à sa place, avoir le juste sentiment de ce que l'on est, c'est la *modestie,* vertu difficile. On est plus aisément humble que modeste, car il suffit pour être humble de se pénétrer de son peu de valeur et de mérite en se comparant à l'idéal. Il est moins facile de se placer juste à son rang parmi les autres.

L'habitude d'être sincère avec soi-même engendre la *simplicité,* cette qualité exquise qui nous fait tels dans nos gestes, dans nos paroles, dans nos actes, que nous sommes intérieurement. La simplicité est le cachet de toute beauté et de toute grandeur.

L'amour de l'ordre est encore une qualité de l'intelligence. On ne voit pas clair dans le désordre : quiconque n'éprouve pas le besoin de mettre de l'ordre dans les choses qui lui appartiennent, de régler son temps, ses actions, ne sait pas non plus régler et

(1) Montaigne.

ordonner sa vie intérieure; il vit « jour à jour et pensée à pensée » (1), personne ne peut compter sur lui, pas même lui. L'ordre a tant de prix que Malebranche a pu dire « qu'il n'est pas seulement le principe des vertus morales, mais l'unique vertu ».

Il ne faut pas confondre la *saine curiosité* des esprits qui veulent connaître la vérité, afin d'y conformer leur pensée et leur conduite, avec le défaut de ceux qui cherchent à savoir ce qui ne les regarde pas, pour le plaisir d'en gloser. Cette curiosité, marque presque certaine d'indigence d'esprit et de pauvreté de cœur, est pernicieuse. C'est le défaut des intelligences paresseuses, crédules, incapables de remonter plus haut que le fait présent et de réfléchir. De tels esprits sont prêts à croire sans comprendre, à admettre les plus ineptes superstitions, les plus absurdes théories, les plus grossiers sophismes. Malheur au pays qui compterait une majorité d'esprits ainsi rétrécis : ce serait un champ tout préparé pour les luttes politiques et religieuses dont l'origine est l'intolérance.

Il est un vice incompatible avec une vraie intelligence : c'est le *mensonge*, le vice-protée qui prend tous les visages. Aujourd'hui il est silence, demain il sera parole ou action ; il est tantôt poli, insinuant, doucereux, tantôt arrogant, hardi ; parfois il prend la figure du bien (hypocrisie), laissant sur son passage le malaise, la défiance, rendant suspecte la vertu même.

Il faut craindre le mensonge plus que tout, il est le complice de tous les autres vices : on ment par crainte, par vanité, par intérêt, par lâcheté ; on ment pour échapper aux conséquences de ses actes, pour excuser sa paresse, son étourderie, son égoïsme ; on ment par jalousie, par méchanceté. Comment oser se regarder en face, quand on a l'habitude de mentir? Le mensonge est l'avilissement de la dignité d'homme.

Si la modestie consiste à être sincère avec soi-même, l'*orgueil* est au contraire le défaut par lequel « l'homme s'étend et se grossit en lui-même et rehausse son idée par celle de force, de grandeur ou d'excellence » (2). L'orgueil a bien des degrés : la *fierté*, qui est parfois le légitime sentiment de ce que nous valons, mais peut devenir le dédain des autres ; la *vanité*, qui est un désir excessif de l'estime d'autrui et s'attache surtout aux

(1) Victor Hugo.

(2) Nicole.

biens extérieurs; la *présomption*, qui est un excès de confiance en soi; la *fatuité*, défaut masculin, qui est la vanité des avantages physiques; la *coquetterie*, défaut féminin, qui est le désir de plaire pour des qualités d'un ordre peu élevé; la *pédanterie*, l'*arrogance*, la *suffisance*, la *hauteur*, le *dédain*, l'*ostentation*, l'*ambition* sont encore des variétés de l'orgueil.

La richesse du vocabulaire est significative pour exprimer les mille nuances de cette excessive estime de soi qui est un défaut de sincérité.

Questions a traiter ou a méditer. — 1. Citez quelques malheurs où nous tombons par notre propre faute.

2. Est-il contraire à votre dignité d'avouer à des enfants plus jeunes que vous, à des camarades, à un domestique que vous vous êtes trompé?

Lectures recommandées. — R. Thamin, *Extraits des moralistes* (liv. II, ch. iv, Nos vertus et nos vices). — Despois et Labérenne, *Lectures morales* (II, l'Homme).

Nos qualités et nos défauts
(Suite)

POUR FORMER UNE VOLONTÉ, DONNEZ-LUI UN OBJET INÉPUISABLE. (RAUH.)

Qualités et défauts de la volonté. — Nous avons vu que la volonté a un rôle prépondérant dans tous les actes qui ont quelque valeur morale et que le *courage* est la grande vertu de la volonté.

Il y a bien des formes de courage; mais toutes les âmes vraiment courageuses ont ce trait commun de tendre leurs forces vers la réalisation d'une œuvre de justice et de bonté.

La vie ordinaire nous offre chaque jour des occasions d'être courageux; on peut risquer sa vie, sa santé ailleurs que dans les incendies ou dans les inondations. Ne faut-il pas du courage pour supporter les souffrances physiques que la vie n'épargne à personne? — N'en faut-il pas pour soigner les blessures, les maladies contagieuses des autres? — pour résister, s'il le faut, aux exigences de ceux qui pourraient briser notre situation? — pour réagir contre le chagrin? — pour réparer les fautes que nous avons faites?

Le courage réfléchi qui entreprend une œuvre, qui ose agir à ses risques et périls, s'appelle l'*esprit d'initiative;* il fait la force et la prospérité des nations.

Le courage qui, ayant commencé une tâche, la poursuit, sait la soutenir et la défendre, est la *persévérance.*

Le courage employé à l'achèvement de l'œuvre commencée, que nul obstacle ne fait fléchir, qui ne se dément jamais, s'appelle *constance.* C'est la manifestation la plus haute du caractère. La constance est une vertu chère aux stoïciens; c'est le génie à la portée de tous, selon Buffon.

Il est une forme de courage qu'on ne saurait trop admirer chez les autres, trop rechercher pour soi, c'est la *patience.* Il n'est pas donné à tous les hommes de manifester leur courage par des actes de bravoure ou d'héroïsme, mais tous peuvent cultiver la patience. C'est un courage de tous les instants, une constante disposition à supporter tout ce qui peut arriver. La patience est la moins brillante de toutes les vertus, mais c'est aussi la moins commune; c'est la vertu des forts. Il faut du courage en effet pour supporter toutes les misères et les chagrins en gardant une inaltérable sérénité, sans faire souffrir les autres, sans se lasser jamais. La *résignation* est un autre nom de la patience; elle accepte ce qu'elle ne peut éviter, faisant siennes, par une adhésion volontaire de l'âme, toutes les lois de la vie, même les plus cruelles pour le bonheur.

« Courage! toujours courage! dit Silvio Pellico. Sans cette condition, il n'y a pas de vertu. Courage pour vaincre ton égoïsme et devenir bienfaisant; courage pour vaincre ta paresse et poursuivre toutes les études honorables; courage pour défendre ta patrie et protéger ton semblable dans toutes les circonstances; courage pour résister au mauvais exemple et à l'injuste dérision; courage pour souffrir les maladies, les peines, les angoisses de tout genre sans te lamenter lâchement; courage pour aspirer à une perfection à laquelle tu ne peux atteindre, mais à laquelle il faut aspirer si tu ne veux pas perdre toute noblesse d'âme. »

Les vertus de la volonté sont les plus nobles, les défauts de la volonté sont les plus vils. Le défaut opposé au courage est la *lâcheté*. Le terme nous révolte, et pourtant que de fois nous méritons qu'on l'applique à nos hésitations ou à nos reculs devant le devoir!

On est lâche devant l'ennemi, quand on fuit, préférant sa vie à l'indépendance ou à l'honneur de sa Patrie. On est lâche devant la douleur, quand on n'ose l'affronter pour être utile à ses semblables ou pour affirmer ses convictions; on est lâche devant l'effort, quand on attend des autres l'initiative et le travail sans donner assez de soi. Le paresseux est un lâche, soit qu'il recule devant une entreprise difficile et obéisse machinalement à la routine, soit que, plus lâche encore, il ait toute lutte en horreur et soit incapable d'imposer un effort à ses muscles ou à son attention.

« Quand, le matin, tu as de la peine à te lever, il faut te dire : « Est-ce pour demeurer chaudement sous des couvertures que « je suis venu au monde? — Mais cela m'est bien plus agréable. « — C'est donc pour faire ce qui t'es agréable que tu es né? Ce « n'est pas pour agir, pour travailler? — Mais il faut bien se « reposer. — Sans doute. Mais il y a une limite au repos, comme « au manger et au boire. *Ta fonction est d'être un homme, remplis-la.* » (Marc-Aurèle.)

Il ne faut cependant pas être trop sévère aux découragés, aux caractères faibles, à ceux que la vie hostile a durement traités. Il est d'ailleurs peu d'hommes qui n'aient pas eu leurs instants de découragement. Un bon conseil, un peu d'aide suffit quelquefois pour relever ces découragés et leur rendre le goût de l'effort.

Ce qui est bien certain, c'est que la foi en la puissance de la volonté est un levier d'une force incalculable. Croire en la volonté, l'exercer en lui donnant un idéal à remplir, voilà les deux conditions essentielles pour lui faire accomplir les tâches les plus difficiles.

QUESTIONS A TRAITER OU A MÉDITER. — 1. Distinguer l'entêtement de l'énergie.

2. « La continuité des petits devoirs bien remplis ne demande pas moins de force que les actions héroïques, » dit Rousseau. N'avez-vous pas eu l'occasion de vérifier cette vérité autour de vous?

3. Montrez que l'*Histoire d'une âme*, de E. MANUEL, exprime le plus parfait idéal que puisse atteindre une volonté humaine.

LECTURES RECOMMANDÉES. — G. CHATEL, *Lectures morales* (I, ch. II, le Courage).

Le Travail

LE TRAVAIL EST UN TRÉSOR. (LA FONTAINE.)

I. Comment il faut envisager le travail. — Travailler, c'est imposer à son activité un effort méthodique, soutenu, en vue d'un résultat utile.

Ainsi défini, le travail est l'expression la plus haute et la plus complète de nos devoirs individuels.

C'est une erreur de regarder le travail comme une obligation pénible, comme une punition. Le travail est une loi de notre nature; nous pouvons ajouter : une loi bienfaisante. Un individu normal a besoin de travailler comme de s'alimenter et de respirer. L'oisiveté nous apparaît comme un état contre nature : l'effort fait vivre, l'oisiveté tue. Nous disons l'effort, parce qu'en effet tout travail est une action énergique de nos forces physiques pour vaincre une difficulté. Cet effort est l'acte humain par excellence; il met en œuvre toutes les puissances de notre être : notre esprit qui voit le but, notre cœur qui l'aime, notre volonté qui emploie les moyens de le réaliser. L'homme ne serait rien sans cet effort qui fait sa grandeur, sa dignité, qui est en même temps la joie et le bien de la vie : on ne conçoit pas une existence bonne, complète, harmonieuse, où le travail n'aurait pas une large place.

C'est pourquoi le travail est un *devoir social*. Dans une société bien faite, l'oisif ne devrait pas trouver place : il n'y a pas d'êtres inutiles, il n'y a que des êtres utiles ou des êtres nuisibles. L'oisif est plus que gênant, il est malfaisant.

Le labeur rude, assujettissant, excessif, est un mal et doit disparaître : il ne laisse ni temps ni forces pour la vie de l'âme : comment l'ouvrier épuisé par un travail qui excède ses forces sentirait-il le goût et le besoin d'une vie de pensée élevée? La tâche finie, la pauvre machine a des ressorts détendus, le corps brisé veut du repos.

Nous devons tous souffrir de l'état social qui impose encore à certains d'entre nous un travail qui ne laisse pas de place à un peu de pensée désintéressée. L'un des devoirs pressants de la société est d'alléger ces tâches exténuantes, afin qu'aucune créature humaine ne soit privée de l'exercice de ses facultés d'homme, des joies supérieures de l'art (musique, lecture, etc.).

II. Les différentes formes du travail. — L'activité humaine a tant de formes variées que nous aurions grand'peine à classer les travaux par catégories. On distingue bien le *travail manuel* et le *travail intellectuel;* mais, à vrai dire, ces deux sortes de travaux se pénètrent de plus en plus, et il devient heureusement difficile de citer des besognes dans lesquelles l'esprit ou le corps n'ait aucune part.

Toutefois, certains travaux matériels demandent surtout une dépense de forces physiques, laissant la pensée plus ou moins libre. Ce sont les plus nécessaires à la vie générale (travail des champs, travail des mines, etc.). Ces travaux sont infiniment respectables : il faut que les travailleurs le sachent bien. Il faut qu'ils sachent aussi que le travail tire sa noblesse de l'intention qui est au fond de l'âme du travailleur : il y a plus de grandeur morale dans l'effort de l'humble ouvrier — boulanger ou forgeron — qui fait son œuvre avec la conscience de ce qu'elle vaut, de la place honorable qu'il tient dans un vaste monde où chacun a sa tâche à accomplir, que dans le travail machinal du fonctionnaire peu zélé, ne faisant de sa besogne que ce qu'il n'en peut éviter, ou dans le travail intéressé de l'écrivain de talent, dont les efforts n'ont pour objet que la fortune ou la gloire.

Il y a d'autres travaux qui n'exigent guère de dépense musculaire, mais qui tiennent l'esprit constamment tendu; ce ne sont pas les moins pénibles : c'est le labeur du penseur dans son cabinet, du savant dans son laboratoire.

III. Comment il faut travailler. — Il faut travailler en vous donnant tout entier à ce que vous faites. Cela signifie d'abord qu'une fois décidé à faire un travail, vous employez à le mettre en train toute votre réflexion, toute votre attention. Cela signifie ensuite que vous le faites jusqu'au bout : rien ne révèle un mauvais ouvrier comme le travail inachevé ou fait à la hâte. « Fais ce que tu fais, » disaient les anciens; autrement dit, donne tous tes soins à la besogne que tu as entreprise et mène-la à bonne fin, parce que toute tâche qui mérite d'être faite mérite d'être bien faite.

Défiez-vous des ardeurs passagères, de l'engouement, de

l'esprit d'imitation: ne commencez rien sans avoir réfléchi. Avant d'entreprendre un travail comme avant de choisir une profession, consultez vos aptitudes, vos ressources, vos goûts, le but que vous voulez atteindre. Vous éclairerez ainsi votre route et pourrez y marcher ensuite avec sécurité.

Aimez votre tâche : si on ne l'aime pas d'abord, on parvient à l'aimer en la remplissant de son mieux. On fait mal ce qu'on n'aime pas : que de défauts on relève dans les travaux que leurs auteurs ont faits sans amour! — Vous-mêmes, ne faites-vous point médiocrement les devoirs scolaires pour lesquels vous n'éprouvez qu'ennui et dégoût?

L'idéal serait que tout homme pût choisir une profession, manuelle ou libérale, conforme à ses goûts, à son génie propre, et qu'il la remplît « en se tenant toujours au-dessus de sa besogne »; que cette profession lui laissât assez de temps pour qu'il pût en donner aux occupations variées qui entretiendraient la vigueur de son corps, la liberté de son esprit, l'énergie de sa volonté. Est-il impossible de réaliser cet idéal ou du moins de s'en approcher? N'a-t-on pas vu, à des époques heureuses de l'histoire, des hommes privilégiés comme Léonard de Vinci, qui fut à la fois architecte, physicien, ingénieur, musicien et écrivain, ce qui ne l'empêchait pas d'être un peintre de génie.

IV. Bienfaits du travail. — L'influence bienfaisante du travail s'exerce sur tout notre être :

1° *Sur le corps.* Le travail donne aux muscles vigueur et élasticité; il active la circulation, il entretient et conserve nos forces;

2° *Sur l'intelligence.* Il l'aiguise et la fortifie, lui donne de la netteté; il exige souvent de l'initiative; il est surtout l'éducateur d'une faculté précieuse, l'*attention*, parce qu'il force à observer, à réfléchir;

3° *Sur la volonté.* Le travail, parce qu'il est une activité régulière, obligée, est un vrai maître pour la volonté, qu'il fait plus forte et plus persévérante.

Le travail est, en somme, le *grand moralisateur :* il donne leur vrai prix au repos et au plaisir, éloigne la pensée du mal, met dans l'existence régularité et méthode, nous élève à nos propres yeux et nous rend utiles aux autres. Il nous fait saisir le sens de la vie, parce qu'il est une loi de subordination à une grande œuvre qui nous dépasse, mais qu'il nous aide à comprendre, puisque nous y collaborons pour notre part. Il détourne les rêveurs méditatifs de l'analyse d'eux-mêmes qui rétrécit la vie et ôte la joie. Il est le *grand consolateur* : aux douleurs que rien ne peut effacer il apporte un allégement; il apaise les autres.

Enfin, il est la source la plus féconde et la plus pure du bonheur compatible avec la condition humaine. C'est déjà une joie que de dépenser utilement les forces qu'on a en soi; c'en est une autre que de recevoir le prix de son labeur, de se dire qu'il y a là pour soi la vie, l'indépendance, la possibilité de faire acte de générosité. C'est un bonheur — et de quelle intensité — que de tirer de soi une œuvre bien faite. Cette joie de créer est unique et fait oublier au travailleur — architecte ou maçon, artiste ou laboureur — toutes les fatigues, toutes les sueurs, pour lui laisser voir l'œuvre achevée, utile, durable.

Beaucoup d'hommes ont béni le travail, beaucoup de poètes ont chanté ses joies saintes. Presque tous ceux qui, arrivés au terme de leur vie, font un retour en arrière, reconnaissent qu'ils doivent au travail les heures les meilleures de leur existence.

Béni soit le travail qui a changé la face du monde, et mis au service de l'homme les forces de la nature, autrefois ses ennemies; qui a donné aux travailleurs le bien-être et les joies de la vie, qui a créé en eux les vertus viriles.

Questions à traiter ou à méditer. — 1. *L'Angélus*, de Millet. Comment interprétez-vous cette fin de journée laborieuse?

2. Imaginez les sentiments que vous éprouverez quand vous aurez dans votre bourse le premier argent gagné par votre travail.

Lectures recommandées. — Caro, *Le Pessimisme* (chap. IV). — Channing, *Œuvres sociales* (De l'élévation des classes ouvrières, §§ 13 à 25).

Les Distractions

DIS-MOI QUELLES SONT LES DISTRACTIONS DE CE PEUPLE, JE TE DIRAI CE QU'IL VAUT. (H. L.)

I. Il est nécessaire de se distraire. — La leçon sur le travail a pour complément indispensable une leçon sur les distractions. Quand le corps et l'esprit ont fourni leur tâche, la morale elle-même nous conseille de les récréer. Le plaisir est salutaire; il faut non seulement l'accueillir, mais l'appeler, à condition de lui assigner sa place, qui est subordonnée, de le regarder non comme un but, mais comme un besoin de notre nature et comme un stimulant qu'on sait pourtant sacrifier, si le devoir l'exige.

Au reste,

Le travail est souvent le père du plaisir,
(VOLTAIRE.)

et nous ne goûtons jamais plus pleinement les distractions qu'après un consciencieux labeur. Les distractions ont donc leur place dans notre vie morale.

II. Diverses sortes de distractions. — Il en est de deux catégories :

1° Les *récréations d'ordre physique*, celles où le corps, heureux de s'épanouir en liberté, éprouve à la fois le plaisir de se détendre et de jouir de ses forces en les accroissant. Jouez à la course, aux barres, à la balle, au croquet ; faites de longues promenades en plaine ou en montagne; apprenez à nager, à patiner, à canoter si possible; disciplinez vos muscles aux agrès de gymnastique; pratiquez la lutte, l'escrime, l'équitation, si vous le pouvez; exercez-vous à danser; — pas n'est besoin pour cela d'aller au bal — : on danse en plein air sous le soleil, ou dans la grande salle de famille. Ce sont là distractions excellentes, bonne hygiène physique, condition indispensable de bonne hygiène morale. En même temps que votre corps y gagnera force et souplesse, votre âme y gagnera endurance, sang-froid et courage. Vous ferez, en même temps que l'éducation de vos

Phot. Hanfstaengl.

LA DANSE (SCÈNE CHAMPÊTRE), PAR LANCRET.

muscles, celle de votre volonté. Il y a une bonne leçon à tirer de cette assurance de Montaigne que bien des actes courageux « tiennent plus à l'épaississure de la peau qu'au vrai courage ».

2° Les *distractions d'ordre intellectuel,* nécessaires, elles aussi, et reposantes. Les travailleurs manuels y trouvent un délassement pour le corps en même temps qu'une heureuse activité pour leur esprit. Les travailleurs intellectuels y recherchent une activité d'esprit différente de celle que leur imposent leurs occupations professionnelles.

Il en est de bien des sortes. Nous dirons un mot des principales.

Les divers *jeux de combinaison* (dominos, cartes, échecs, etc.) n'ont rien de répréhensible quand les joueurs ont plus en vue le plaisir de jouer que l'enjeu. Ils sont une petite école d'attention et de patience, mais on peut leur reprocher de n'offrir qu'un maigre aliment à l'esprit, et de laisser les muscles à peu près inertes.

Veillez à ce que le goût pour les jeux innocents ne dégénère point en passion pour les *jeux de hasard.* On a tout dit sur la passion du *jeu :* elle est terrible et ne fait que des victimes. Le joueur perd, avec son bien, le repos, le goût du travail, des plaisirs honnêtes ; il en arrive à sacrifier l'amitié, l'honneur, les plus saintes affections de la famille, sa vie parfois, à sa passion. S'il gagne, l'argent qu'il a entre les mains est mal acquis ; peut-il jouir en paix de ce qui a causé ailleurs des larmes et du désespoir ?

La *lecture* des bons livres est une récréation très élevée et généralement très aimée. Est-il beaucoup de joies qui vaillent une lecture intéressante faite dans le calme des champs ? C'est une joie que l'on peut goûter à tous les âges. Comment se mieux délasser le soir qu'en lisant des récits de voyages, des biographies historiques, des œuvres d'imagination en prose ou en vers ? Rien ne prépare un sommeil réparateur comme ces calmes et saines distractions. Est-il aussi rien de plus agréable que d'entendre ou de faire une lecture à haute voix, au milieu du cercle de famille ?

Il est nécessaire sans doute de choisir ses lectures. Écartez les romans-feuilletons dont les héros de fantaisie n'ont nulle ressemblance avec la réalité, œuvres médiocres qui déforment la vérité, développent une dangereuse sentimentalité, faussent nos idées sur la vie et sur les vérités morales. Rejetez les livres qui, sous prétexte de vous instruire, excitent la haine et la jalousie.

A notre époque, on se distrait souvent en allant écouter des *cours*, des *conférences*. C'est un plaisir que d'entendre exprimer en bons termes de grandes et utiles vérités. Encore faudrait-il que conférenciers et auditeurs eussent un jugement solide et droit, car bien des idées fausses, des utopies et des désordres peuvent sortir de ces réunions où le désir de briller, l'ambition politique tiennent parfois plus de place que le bon sens.

La *conversation* est un délassement facile et peu coûteux qui a donné de vives jouissances à nos aïeux. On ne sait plus assez qu'elle pourrait être une joie pour le foyer, une douce récréation dans certains travaux. Combien il serait souhaitable pourtant que chacun des membres d'une famille eût assez de culture, de connaissances, d'activité d'esprit et de cœur, — de bonne humeur aussi, — pour pouvoir fournir matière aux conversations de la table ou des jours de repos. Les heures passent si vite et si fécondes à discuter courtoisement le fait intéressant du jour, à se communiquer ses émotions, ses admirations. Cette distraction n'est guère encore de votre âge ; quand vous êtes admis à une conversation, c'est pour en profiter silencieusement.

Tout le monde sait le charme et le prix de la culture des *arts d'agrément* (musique, dessin, peinture, modelage, etc.). Disons ses dangers : au lieu d'en faire une récréation, on en fait trop souvent, et sans besoin, un travail ardu et énervant. De plus, on ne cherche dans cette culture qu'un moyen de briller, et la distraction qui devrait nous élever excite notre vanité. Que de jeunes filles se croient un talent exceptionnel pour avoir reçu des compliments exagérés d'amis complaisants ! Quand on aime l'art pour lui-même, on lui demande des joies simples, paisibles, intimes. On peut, en cultivant un art, n'obtenir que de médiocres résultats : mais la médiocrité n'est que dans l'œuvre, non dans l'âme qui aime et cherche le beau. Exercez-vous à goûter les belles œuvres plutôt que de vous acharner à en produire de mauvaises.

Questions a traiter ou a méditer. — 1. La distraction que vous préférez. 2. Description d'une fête de famille.

Lectures recommandées. — La Rochefoucauld, *Maximes* (De la conversation). — F. Buisson, *L'Éducation physique à l'école* (« Revue encyclopédique Larousse », 2 septembre 1899).

Les Distractions (Suite)

Il est nécessaire de dire un mot des *spectacles* (drames, comédies, etc.) qui sont les distractions les plus goûtées du peuple français.

Pourquoi faut-il que les moralistes les plus indulgents leur soient sévères? C'est que, trop souvent, les auteurs dramatiques s'adressent, pour nous intéresser, à ce qu'il y a de moins pur dans notre âme. Pour forcer l'attention, ils donnent en spectacle les actes sur lesquels notre dignité nous oblige à être discrets; ils raillent les sentiments les plus respectables, ils emploient « de ces sales équivoques et de ces malhonnêtes plaisanteries qui coûtent maintenant si peu à la plupart de nos écrivains et qui font retomber le théâtre dans la turpitude d'où quelques auteurs l'avaient tiré » (1).

Les auteurs ne sont pas seuls en cause: si le public ne se portait en foule à ces sortes de représentations, les auteurs cesseraient bientôt de les mettre à la scène.

N'accusons donc personne, mais promettons-nous de n'accorder « l'honneur de notre présence » qu'à des spectacles dignes de nous. Certes, quand on a l'heureuse fortune d'appartenir au pays qui a produit le *Cid* et *Andromaque*, les *Femmes savantes*, le *Barbier de Séville*, le *Gendre de monsieur Poirier*, on peut demander au théâtre des émotions vives, un rire joyeux. On y trouvera, par surcroît, les meilleures et les plus vivantes leçons de sagesse.

Mais fuyons les *cafés-concerts*, les *casinos-kursaals*, les *music-halls*, qui se disputent la triste gloire d'exciter l'étonnement des spectateurs en appelant à la surface de nos âmes les pensées et les sentiments les plus grossiers, heureux de trouver leur excuse dans l'étalage de ceux qu'on met sur la scène.

Ne demandons ni au *café*, ni au *cercle* des distractions saines. Les boissons fermentées, le jeu, la mauvaise atmosphère sont les moindres dangers de ces établissements.

---

(1) Qui parle ainsi? Racine lui-même, — non le Racine timoré et repentant de Port-Royal, — mais le Racine jeune et triomphant d'*Andromaque* et des *Plaideurs*, qui se félicite d'avoir « réjoui le monde » sans ce grossier piment.

« *Voyager* est une excellente distraction : pour le corps, que les voyages font plus résistant; pour l'esprit, qu'ils ouvrent à des idées nouvelles; pour l'amour-propre, qu'ils « rabattent »; pour le cœur, qu'ils font plus large et plus humain.

« Les voyages sont une source d'activité, de curiosité, d'initiative. A rester toujours devant le même horizon, la vie intellectuelle s'engourdit; changer de lieu, voir et décrire monuments, rues, paysages, se débrouiller seul parmi des étrangers est un stimulant pour l'intelligence... Les voyages, en outre, affinent la sensibilité; ils éveillent ou développent le sentiment poétique... Ils nous donnent un peu de cette sympathie généreuse pour la nature, les animaux et les gens qu'on ne saurait avoir si on reste enfermé au logis. » (D'après Gache, *Collégiens et familles.*)

III. Règles pour juger de la valeur de nos distractions. — Voici deux règles qui pourront vous aider à apprécier la valeur de vos distractions :

1° Quand une récréation donne à votre corps plus de vie et d'ardeur, quand elle fait circuler votre sang et que toute cette force s'épanouit en belle humeur et en énergie prête à l'effort prochain, n'hésitez pas à la prendre et à la recommander : elle est de bonne qualité.

2° Quand les distractions de l'esprit ne vous enlèvent pas le respect de vous-mêmes et des autres, quand elles vous inspirent des sentiments de générosité, d'enthousiasme pour la beauté ou pour la vérité, « ne cherchez pas une autre règle pour les juger »; elles sont de bon aloi et vous ne pouvez que gagner à les rechercher.

Mais défiez-vous de tout plaisir qui énerve ou affaiblit les forces physiques (tabac, alcool, etc.). C'est un *ennemi dangereux de la volonté,* c'est-à-dire de la *moralité* (1).

Craignez les basses satisfactions que vous offrent les lectures ou les spectacles qui souillent la pensée et que vous rougiriez de goûter en bonne compagnie ou en famille.

---

(1) Pensez quelquefois à ces mots inquiétants d'un contemporain bien informé : « Actuellement, dans les grandes villes, trois jours d'oisiveté peuplent les hôpitaux de victimes plus dangereusement atteintes que ne le font trois mois de travail. »

(Maeterlinck, cité par J. Payot.)

IV. Conclusion. — Aimez surtout les distractions que l'on prend *en famille,* les fêtes, les heureux anniversaires qu'on célèbre dans l'intimité. Chacun y a sa part d'activité et peut y déployer ses talents et les ressources d'une imagination riante ou sérieuse. Quels souvenirs ineffaçables laissent ces séances de lanterne magique, ces charades, ces proverbes, ces déguisements, ces jeux de marionnettes, ces pièces de circonstance, où les défauts sont l'objet de douces railleries, où les incidents de la vie familiale sont interprétés avec une indulgente malice!

Heureux le pays où les divertissements ont ce caractère et peuvent être approuvés par qui les juge à la lumière des principes : il est digne de servir de modèle à ses voisins.

Questions a traiter ou a méditer. — 1. Commenter ces paroles de Mme Necker : « Les nombreux enfants que rassemble l'éducation publique sont naturellement, dans leurs jeux, égaux entre eux et républicains, ce qui développe en eux un sentiment de liberté et de force qu'on acquiert moins souvent sous le toit paternel. »

2. « Le jeu est un terrible engrenage ; quand le doigt est pris, la main y passe, puis le bras, puis le corps. » (Vessiot.)

Lectures recommandées. — P. Janet, *Philosophie du bonheur* (ch. Ier et ch. VI). — Vessiot, *L'Éducation à l'école* (ch. XIII).

DEVOIRS SOCIAUX

La Société

LA SOCIÉTÉ, QUI EST UN FAIT,
EST AUSSI UN DEVOIR. (COMPAYRÉ.)

I. Rapports entre les devoirs individuels et les devoirs sociaux. — La culture personnelle est notre devoir essentiel, et celui de nous qui vaut le mieux pour la société est celui qui vaut le mieux comme individu. Défiez-vous de ceux qui entreprennent le relèvement social sans avoir eu soin de commencer par se perfectionner eux-mêmes.

II. Les sociétés. — On peut définir les sociétés des groupes d'hommes vivant *volontairement* ensemble, ayant en général même langue, mêmes mœurs, mêmes lois, mêmes intérêts.

Les hommes se sont d'abord groupés en *familles*, puis en *tribus*, plus tard en *nations*.

C'est la nécessité qui a poussé les hommes à se réunir ; ils ont jugé qu'ainsi ils se défendraient mieux contre leurs ennemis et qu'ils s'assureraient plus de bien-être. Ils ont obéi aussi à un instinctif besoin de sympathie, de sociabilité qui les inclinait à partager leurs joies et leurs peines.

Au reste, nous devons tout ce que nous sommes à la société. Notre vie, la sécurité dont elle est entourée, nos connaissances, les jouissances intellectuelles et artistiques, nous devons tout cela à cette union des hommes. S'il est vrai que le progrès indéfini est la loi de l'humanité, on ne saurait le concevoir sans le groupement des hommes en sociétés.

III. Sociétés barbares et sociétés civilisées. — Il y a un abîme entre la misère matérielle, intellectuelle et morale des sociétés barbares et l'état de bien-être, le développement de l'esprit et de la conscience des sociétés civilisées.

Aux temps barbares, le sol même paraît rebelle : pas de cultures, pas de voies de communication ; les aliments sont grossiers ; les vêtements et les logis, incommodes, garantissent mal contre les intempéries. L'esprit, inculte, n'est la source d'aucune joie.

Pour nos ancêtres, la raison du plus fort est la meilleure et le vaincu devient l'esclave du vainqueur ; sa vie est à la merci d'un caprice de son maître. A leurs yeux, le travail est une dure loi que le fort impose au faible.

Quelle différence avec nos sociétés, si imparfaites encore pourtant au regard des hommes de progrès ! Les idées de droit, de liberté, inspirent nos codes ; le travail est regardé comme une loi naturelle et bienfaisante, obligatoire pour tous ; l'esclavage, que des philosophes mêmes trouvaient juste et nécessaire, a été aboli comme la plus odieuse des iniquités. Nul homme n'a plus le droit d'infliger à son semblable une souffrance, même expiatoire !

Les hommes mettent en commun les efforts de leurs intelligences pour enrichir la science et améliorer la vie générale. Ils transmettent ce riche héritage à leurs descendants, qui l'accroissent encore pour le plus grand bien des générations à venir.

IV. Principe de nos devoirs sociaux. — Il faut chercher la raison supérieure de nos devoirs envers nos semblables dans ce fait que tous les hommes ont un droit égal à faire acte de volonté. Il est juste et nécessaire que chacun de nous respecte la liberté de ses semblables, il est même juste et nécessaire que chacun de nous aide au développement et au triomphe de la volonté et de la liberté d'autrui dans la mesure où cette liberté n'en gêne point d'autres.

En dernière analyse, c'est la *justice* qui est le fondement de toutes les vertus sociales. Or, nous savons à quel point sont indissolublement liées la justice et la charité.

« La charité, dit-on, accomplit la loi. » Est-ce vrai ? oui, si la charité est accompagnée de la justice, si elle est l'amour d'une personne libre pour une personne libre, seul amour vraiment *humain*. Aimer n'épuise pas la vocation morale de l'homme... Un juge, une mère de famille, une maîtresse de maison ne trouveront pas dans la seule charité qui prend patience et qui pardonne leur règle unique, leur devoir tout entier. L'amour raisonnable est un amour de *justice*, qui maintient le devoir personnel des deux parties et leur droit réciproque. » (Félix PÉCAUT, *Quinze ans d'éducation*.)

QUESTIONS A TRAITER OU A MÉDITER. — 1. Imaginez les sentiments de Robinson Crusoé quand il rencontre Vendredi.

2. La journée d'un serf au moyen âge.

LECTURES RECOMMANDÉES. — Mrs BEECHER-STOWE, *La Case de l'oncle Tom*. — GASQUET, *Précis des Institutions politiques de l'ancienne France* (le Serf).

La Solidarité

JE NE M'APPARTIENS PAS, CAR CHAQUE ÊTRE N'EST RIEN SANS TOUS, RIEN PAR LUI SEUL ; MAIS LA NATURE ENTIÈRE RÉSONNE DANS CHAQUE ÊTRE, ET, SUR SON VASTE SEIN, NOUS SOMMES TOUS UNIS, ÉGAUX ET SOLIDAIRES.

(GUYAU.)

I. Définition. — Le mot de *solidarité*, que notre époque a emprunté à la langue des savants et des juristes, exprime les rapports intimes et profonds par lesquels dépendent les unes des autres toutes les parties d'un tout.

Nous ne pouvons vivre notre vie organique ni notre vie spirituelle sans la collaboration — voulue ou non — de nos semblables. Mille liens invisibles rattachent notre vie physique comme notre vie intellectuelle et morale à la vie des hommes du passé comme à celle des hommes de notre temps.

On peut donc définir la *solidarité humaine*, l'ensemble des liens de dépendance qui unissent tous les hommes — passés, présents, futurs — pour l'entretien et le développement de leur vie physique, intellectuelle et morale.

II. Place de la solidarité dans la vie morale. — La solidarité nous apparaît comme une de ces grandes lois naturelles qui ont de tout temps gouverné le monde sans que toujours l'intelligence humaine les ait reconnues et formulées. Quelques esprits d'une rare pénétration (Thucydide, Descartes) ont entrevu cette grande loi. Mais c'est notre époque qui l'a vue le plus clairement et l'a exprimée avec le plus de précision, qui a dégagé son contenu si riche et a compris quels devoirs impérieux elle impose aux consciences.

Des esprits généreux ont essayé de fonder une « philosophie de la solidarité » (1). Il nous semble toutefois que la solidarité ne peut être le fondement de la morale sociale. Elle est une de ces *grandes lois* qui constatent des faits, mais ne donnent pas d'ordres. Il y a la solidarité du mal comme la solidarité du bien ;

(1) Cf. l'admirable ouvrage de M. Bourgeois, *Solidarité*.

« la solidarité naturelle engendre les maladies et les vices héréditaires ». (BOUTROUX.)

De plus, ni le fait de profiter du travail des autres, ni même le fait d'accomplir par métier une œuvre utile n'ont un caractère essentiellement moral. Nous pouvons être largement solidaires, c'est-à-dire dépendre les uns des autres, sans valoir beaucoup mieux moralement, sans avoir à aucun degré cet esprit de sacrifice dont nous avons vu qu'il est le caractère fondamental de la vertu.

Mais les hommes d'intelligence et de bonne volonté qui ont agité le grand problème de la solidarité ont du moins montré de quelle vive lumière elle éclaire nos devoirs. C'est elle qui nous fait concevoir l'immense étendue de notre responsabilité, qui nous inspire l'inquiétude — morale au plus haut degré — des suites de nos actions parmi nos semblables. Par là, elle tient notre attention toujours éveillée sur notre vie morale. Elle nous aide à comprendre le vrai sens des mots justice et charité : *être juste,* ce n'est pas seulement s'abstenir de faire des actions nuisibles, c'est encore payer en bonnes actions effectives la dette que nous avons envers l'humanité; *être charitable,* c'est aimer les autres jusqu'au sacrifice de soi.

L'idée de solidarité a donc un *rôle moral* prépondérant. Grâce à elle, nous savons que les moindres actes des plus humbles d'entre nous ont quelque chose d'*éternel,* parce qu'il se trouve toujours quelqu'un pour en recueillir l'exemple, et que leur influence durera encore quand leurs auteurs auront depuis longtemps disparu.

Est-il beaucoup d'idées aussi puissantes sur une âme de bonne volonté? Combien celui qui conçoit ainsi les infinies conséquences de ses actes n'aura-t-il pas de scrupules avant de jeter dans la circulation une mauvaise action !

Il ne serait pas possible d'envisager tous les rapports de solidarité qui lient les hommes. Mais nous pouvons essayer d'indiquer le rôle de la solidarité dans les divers domaines de la vie.

QUESTIONS A TRAITER OU A MÉDITER. — 1. Montrez, par des exemples, que la solidarité est une *loi,* non un devoir, mais que cette loi nous impose des devoirs.
2. « La suite des hommes doit être considérée comme un même homme qui subsiste toujours et qui apprend continuellement. » (PASCAL.)

LECTURES RECOMMANDÉES. — H. MARION, *La Solidarité morale* (Introduction). — L. BOURGEOIS, *La Solidarité.* — BASTIAT, *Les Harmonies économiques* (ch. Ier).

La Solidarité dans la vie sociale

IL N'Y A PAS AUJOURD'HUI UN HOMME INTELLIGENT QUI NE SE SENTE LIÉ PAR DES FILS INVISIBLES A TOUS LES HOMMES PASSÉS, PRÉSENTS ET FUTURS. (ABOUT.)

On peut étudier ces rapports de dépendance entre les hommes en examinant successivement :

La solidarité physique;
La solidarité économique;
La solidarité intellectuelle;
La solidarité morale.

I. La solidarité physique. — Les organismes humains dépendent plus étroitement les uns des autres qu'on ne saurait l'imaginer. Considérez les mystérieuses et redoutables lois de l'*hérédité.* Nous recevons de nos parents, de nos ancêtres, notre tempérament, des dispositions à certaines maladies, des forces de résistance à d'autres. Nous transmettons, à notre tour, de la faiblesse ou de la force.

Quelle responsabilité est la nôtre si nous léguons à nos enfants des organes usés, un système nerveux épuisé par notre faute, et si plusieurs générations innocentes doivent porter le poids de nos imprudences ou de nos vices! Rappelons-nous les terribles exemples d'hérédité que l'étude de l'alcoolisme nous a fait connaître, et n'oublions jamais que tout ce qui affaiblit ou déséquilibre notre corps est nuisible à notre descendance.

Considérons aussi la *contagion,* cette autre forme de la solidarité physique. La science nous dit comment des êtres vivants, invisibles facteurs de maladies, se répandent dans l'air ou dans l'eau et pénètrent dans nos organismes. Qu'un de vous soit atteint d'une maladie contagieuse, plusieurs de ses camarades en souffriront bientôt. Il suffit d'une ménagère négligente, d'une garde-malade inattentive ou peu scrupuleuse, pour infecter toute une maison, tout un quartier. Il suffit d'un village ignorant ou malpropre pour contaminer les eaux d'une grande ville, et la décimer.

Puisque nous sommes informés, prenons toutes les précautions que nous dicte l'hygiène, afin de ne pas nuire à la santé et à la vie de nos semblables. Nous ne verrions nulle injustice à une intervention de la *loi* pour punir certains actes malpropres et contraires à l'hygiène (cracher dans les lieux publics, arroser les légumes avec des matières dangereuses, etc.).

II. La solidarité économique. — C'est cette forme de la solidarité qui frappe le plus nos yeux.

Vous connaissez ce morceau, si riche de sens en sa brièveté (1), dans lequel un poète philosophe imagine que tout à coup lui manquent le laboureur, le tisserand, le maçon, symboles du peuple innombrable d'ouvriers qui travaillent à le nourrir, à le vêtir, à le loger.

Quelle détresse ! Abandonné et maudit des hommes, il est livré sans défense aux forces hostiles de la nature, aux intempéries, aux bêtes féroces...

Aussi, quel soulagement après l'affreux cauchemar, quand, au réveil, il voit occupés, chacun à son labeur, les ouvriers de la ruche humaine ! Et de quel amour Sully Prudhomme sent son cœur se gonfler pour cette humanité sans laquelle il ne pourrait subsister !

Que de besoins, que de désirs à satisfaire rendent notre vie dépendante de celle des autres hommes !

Regardez autour de vous et essayez de compter combien de millions d'ouvriers ont travaillé, dans le passé et dans le présent, en Europe et en Amérique, pour arracher à la nature un simple morceau de pain, une paire de souliers, le plus modeste des ustensiles de cuisine ! « Dans la satisfaction du moindre de nos désirs entrent le labeur, la peine et l'angoisse de l'humanité presque entière. » (P.-F. Pécaut.)

Cette *coopération*, que la nécessité a imposée aux hommes dès l'origine des sociétés, a été la source d'un prodigieux développement économique : par elle ont été inventés et perfectionnés les instruments de travail ; par elle, les hommes accomplissent des travaux que l'imagination de nos ancêtres n'osait prêter qu'à des géants fabuleux. Représentez-vous Christophe Colomb devant

(1) *Un Songe*, par Sully Prudhomme.

les câbles télégraphiques et téléphoniques qui nous font communiquer en quelques heures avec l'Amérique; imaginez Louis XIV en présence d'une locomotive ou d'un automobile; les frères Montgolfier devant un aéroplane...

> Toute la terre est comme un chantier
> Où chaque métier sert à tous les autres,
> Et tout travailleur sert le monde entier,

dit le poète (1). Il est vrai aussi que la masse entière des hommes souffre de la paresse ou de la négligence d'un seul.

III. La solidarité intellectuelle. — La solidarité des intelligences est au moins aussi étroite et aussi puissante que la solidarité des organismes. Le travail collectif des intelligences humaines a eu pour résultat de créer la *science*.

La science étudie les faits, essaye d'en découvrir les *causes* et de les classer suivant des *lois*. Grâce à la solidarité des esprits, grâce à la division du travail, les hommes ont conquis la nature. Du labeur des générations successives sont sorties les *découvertes* scientifiques qui rendent la vie si facile et si confortable, les *formules* qui résument les grandes lois naturelles connues et préparent d'autres progrès, les généreuses *maximes* de justice et de bonté que les hommes inscrivent dans leurs Codes et qui régissent — au moins idéalement — leur vie morale.

Quelle distance entre le barbare occupé seulement de chasse, de pêche, parlant une langue informe, et le savant moderne qui cherche dans son laboratoire la guérison des maladies humaines, ou le poète qui rêve et chante la fraternité universelle!

Les cerveaux se sont assouplis; nos connaissances, nos aptitudes à comprendre, à retenir, à raisonner, nous devons tout cela à ceux qui ont vécu avant nous, aux savants, aux penseurs, aux artistes des siècles écoulés. Nous le devons aussi à nos parents et à nos maîtres qui nous ont plus directement transmis le résultat de leurs efforts, de leurs réflexions.

A notre tour, nous léguerons à notre entourage, à nos descendants le fruit de notre travail intellectuel.

Aussi est-ce pour nous un devoir urgent de nous instruire, de cultiver notre raison afin de voir clair, de raisonner juste, de n'enseigner rien d'erroné, rien de faux à ceux qui dépendent de

(1) Jean Aicard. Lire *Le Forgeron*, du même auteur.

nous intellectuellement. Quelle responsabilité pour un homme que d'enseigner des choses fausses qui entrent ensuite dans la pratique des existences! Il peut être un véritable criminel (théoriciens de l'anarchie).

IV. La solidarité morale. — Si les hommes du passé nous ont transmis un riche héritage de bien-être et de science, peut-être méritent-ils plus encore notre gratitude pour l'âme qu'ils nous ont faite où la justice et la bonté tiennent plus de place que dans l'âme farouche de nos lointains ancêtres. On ne saurait imaginer la somme de sacrifices d'égoïsme, de dévouements obscurs, d'actes héroïques qui ont été nécessaires pour ouvrir les cœurs humains à la pitié, pour tremper les volontés à la justice. L'âme de notre époque bénéficie des richesses morales que lui ont acquises les dures souffrances des hommes du temps passé, les martyrs de l'intolérance, les serfs du moyen âge, les esclaves de l'antiquité.

Mais nous sommes les héritiers plus directs des hommes de notre race, de notre famille. Nous tenons d'eux des dispositions à sentir, à vouloir, qui demeurent indéracinables. Il y a des siècles que l'on représente en toute vérité l'âme française généreuse et mobile, l'âme anglaise utilitaire et grave. Il est des familles où les générations se transmettent presque sans solution de continuité un héritage de dispositions mystiques ou de facultés scientifiques.

Notre dépendance est grande aussi à l'égard des hommes du temps présent. Notre vie morale subit puissamment l'influence de notre entourage, de nos fréquentations, de nos lectures. Par l'*imitation*, à laquelle tant de nous s'abandonnent d'instinct, nous accomplissons les actes et éprouvons les sentiments de ceux avec qui nous vivons. « Un bon bâilleur en fait bâiller neuf » : ainsi sont contagieuses la joie et la tristesse, la cruauté et la pitié. Ainsi les exemples que nous avons sous les yeux déterminent une grande partie de nos actes. Que ces exemples, au lieu de nous être donnés par quelques hommes isolés, le soient par tout un groupe social, par une coterie, et toute la vie sociale d'une cité, d'une nation en peut être remuée, transformée. Cette puissance de la contagion explique l'influence de la *mode*, dont Montaigne dit qu' « elle nous tourneboule l'entendement et qu'il n'est si fin parmi nous qui ne se laisse éblouir et embabouiner par elle ». C'est la *contagion de la peur* qui fait les paniques, les déroutes, les crimes des foules;

et, de même qu'elle propage la folie du mal, elle répand l'enthousiasme et l'héroïsme pour les belles causes : la nuit du 4 août est son œuvre, et la Commune, la banqueroute de Law, comme la course à la frontière en 1792, quand la patrie fut déclarée en danger.

L'influence qui s'exerce le plus fortement sur notre moralité est celle de l'*éducation*. Nos parents et nos maîtres mettent sur nous une empreinte qui ne s'efface jamais. Heureux l'enfant qui a appris de son père et de sa mère la loyauté et la bonté, de son maître l'amour de la Patrie et de la Justice.

Vous voyez que notre moralité est soumise à de multiples influences; l'âme déjà compliquée que nous héritons de nos ancêtres est encore modifiée par le milieu où elle vit.

Mais il faut le dire, — ou plutôt le répéter, — nous restons les artisans responsables de notre moralité, car il y a en nous une faculté qui est plus puissante que tout, que la marque du passé et que l'empreinte du présent, c'est notre *volonté*. Elle peut, si elle le veut, réagir contre l'exemple, contre l'éducation, contre nos défauts même.

V. Conclusion. — La solidarité a changé la face du monde. Elle a mis à notre service les forces de la nature : l'eau, le feu, l'électricité, au lieu de n'être que des agents dangereux, sont maintenant nos serviteurs. Elle a vaincu l'ignorance, dont elle recule chaque jour les limites. Elle a affiné la conscience morale, enrichi l'idée de justice et resserré les liens de la fraternité.

Que la pensée de cette grande loi de la solidarité nous soit toujours présente. Elle nous fera concevoir la nécessité de travailler à la solidarité du bien, devoir pressant envers les vivants, moyen unique de payer, dans la mesure de nos forces, la dette que nous avons contractée envers les morts.

Questions a traiter ou a méditer. — 1. « Les morts sont morts, mais le bien qu'ils ont fait ne meurt pas. » (Gandalon.)

2. « Une mauvaise action, une fois en marche, ne s'arrête peut-être jamais plus; ses conséquences en enfantent d'autres, et celles-ci d'autres encore; elle s'étale de proche en proche, comme une maladie contagieuse, et nul ne sait où ni quand elle cesse. Nous ne pouvons pas toujours la suivre du regard, et cependant elle agit. » (J. Bojer, *La Puissance du mensonge*.)

Lectures recommandées. — J. Bojer, *La Puissance du mensonge*. — Izoulet, *La Cité moderne*. — Divers, *Essai d'une philosophie de la Solidarité* (préface).

La Justice sociale

L'Idée du droit

IL N'Y A PAS DANS LA LANGUE DES HOMMES DE MOT PLUS GRAND QUE CELUI DE JUSTICE. (COMPAYRÉ.)

I. Solidarité. Justice. Charité. — L'idée de solidarité nous aide à découvrir le contenu des deux grandes vertus sociales dont les hommes ont trouvé la maxime au fond de leur conscience : la *Justice* et la *Charité*. A quiconque veut être homme, la solidarité tient ce langage : « Tu vois clairement quelle étroite et inéluctable dépendance te lie à tous les hommes du passé, quels liens multiples te rattachent à tes contemporains et de quel poids tu pèses sur les générations de l'avenir. Et c'est parce que tu sais ces choses, que tu dois remplir avec plus d'attention scrupuleuse tes devoirs sociaux de *justice* et d'*amour*. Si tu y manques, tu es un débiteur malhonnête qui laisse impayée la dette que lui ont transmise les morts, un agent malfaisant qui engendre pour le présent et pour l'avenir une solidarité du mal. »

II. L'idée du droit. — Nous avons vu que l'on peut définir l'idée du droit, l'idée que *la liberté de chaque homme doit être respectée et même aidée dans la mesure où elle ne nuit pas à la liberté des autres hommes.* C'est cette idée essentielle qui fait le fond de la notion de justice.

A mesure que les esprits deviennent plus réfléchis, le contenu de l'idée de justice s'enrichit.

Des institutions qui semblaient naturelles et nécessaires aux plus raisonnables des hommes d'autrefois scandalisent à présent les esprits les plus frivoles. C'est ainsi que l'esclavage, le servage, le droit d'aînesse, qu'ont approuvés même des sages, nous apparaissent aujourd'hui comme d'odieuses violations de la liberté et de la justice.

Combien il a fallu de siècles et de générations, de réflexion et d'expérience, de raisonnements et de luttes, avant d'arriver à l'époque où une assemblée nationale a pu proclamer ce principe, si simple pour nous : « Les hommes naissent libres et égaux en droits. »

A notre époque même, nous envisageons comme des droits ce que nos pères et nos grands-pères regardaient comme des faveurs. Nous osons parler du droit des enfants à l'instruction, du droit des vieillards et des infirmes à l'assistance sociale, du droit des travailleurs à une rémunération équitable, etc.

On ne saurait énumérer les droits de chaque individu ; la complexité des relations sociales les a faits si nombreux ! Nous nous contenterons donc d'étudier les principaux, que l'on peut ainsi désigner :

1° Droit de vivre;
2° Droit de posséder;
3° Droit de penser et de manifester sa pensée;
4° Droit à l'assistance.

Questions a traiter ou a méditer. — 1. Que pensez-vous de cette définition de la Justice : « La Justice consiste à juger de ses rapports avec autrui comme on jugerait des rapports de deux autres personnes, si l'on était simplement spectateur impartial et désintéressé. » (A. Lalande.)

Lectures recommandées. — Jacob, *Devoirs* (ch. Ier et ch. IV).

Le Droit de vivre

DÉTRUIRE UN HOMME, C'EST VIOLER A LA FOIS TOUS SES DROITS EN SUPPRIMANT D'UN SEUL COUP TOUS SES DEVOIRS. (H. MARION.)

I. Prix de l'existence. L'homicide. — « Tout nous crie que la vie est un bien : c'est un bien de voir la lumière du ciel, de respirer l'air nourricier et rafraîchissant. C'est un bien, comme le dit un sage, de se réparer par une nourriture modérée et agréable, de charmer ses sens de l'éclat et du parfum des plantes, de jouir de la musique, des jeux, des spectacles et de tous les divertissements que chacun peut se donner sans dommage pour personne. » (JANET, *Philosophie du bonheur.*) La vie est en effet un bien de premier ordre, parce qu'il est la condition de tous les autres. Aucune législation n'a accepté l'*homicide,* qui a toujours été puni comme l'un des plus grands crimes. Tous les codes religieux et civils ont dit : « Tu ne tueras point. »

Vous connaissez les différences qui séparent le *meurtre* de l'*assassinat.* Vous savez ce que signifient les mots *parricide, fratricide, infanticide.* Il ne saurait être question de vous inspirer pour ces crimes une horreur que vous éprouvez vivement. Mais il est nécessaire que nous réfléchissions un instant, d'une part, sur les défauts qui conduisent à ces grands crimes ; de l'autre, sur les manières — en nombre infini, hélas ! — dont nous portons atteinte à la vie de nos semblables.

II. Les défauts qui conduisent aux grands crimes. — Toutes les inclinations violentes de notre âme, toutes les passions sur lesquelles nous n'exerçons pas une attentive surveillance sont capables de nous conduire au crime. Il en est toutefois quelques-unes qu'on retrouve plus souvent à l'origine des grands forfaits.

A. L'alcoolisme. C'est le grand pourvoyeur des cours d'assises. Les journaux sont pleins de ces récits épouvantables où des ivrognes, dégrisés par le meurtre qu'ils viennent d'accomplir, maudissent le vice qui les a faits criminels.

B. La colère. Celui qui ne fait rien pour maîtriser ses nerfs, pour réprimer ses accès de violence, peut arriver jusqu'au crime, le jour où sa colère sera causée par un sentiment puissant comme la jalousie, l'ambition.

C. L'amour immodéré de l'argent est souvent aussi à l'origine des crimes. Défendre son bien est légitime, mais encore ne faut-il accorder aux biens matériels que le prix qu'ils méritent, et l'on voit d'âpres paysans, de cupides propriétaires, qui tueraient leur frère plutôt que de le voir bénéficier d'une meilleure part d'héritage. L'appât de l'argent, doublé de la vanité ou de la jalousie, a fait maints empoisonneurs.

D. L'orgueil, avec les défauts qu'il engendre (hypocrisie, envie), est, d'après les criminalistes, le père de bien des forfaits ; des hommes, pour qui la vie a été peu clémente, en veulent à la société, qu'ils rendent responsable de leurs déboires. Si, pour leur malheur, ils rencontrent d'autres misérables déclassés, animés des mêmes sentiments de haine, et qui flattent leur orgueil, ils sont à plaindre — et à craindre — car ils mûrissent vite pour le crime, et ils mettent leur gloire à se faire le plus redoutables possible.

III. Autres formes d'attentats à la vie. — Le poignard, le revolver, le poison ne sont pas les seuls moyens d'attenter à la vie d'autrui. Nous ne pensons pas assez à tout ce qui, dans notre conduite à l'égard des autres, a pour résultat de diminuer la vie, de l'affaiblir, de l'empêcher de valoir son prix.

Est-il possible que leur conscience laisse en paix la maîtresse de maison qui accable son unique servante de travaux excessifs, qui l'anémie en la nourrissant et en la couchant mal ? — l'épicier qui altère les denrées alimentaires ? — le pharmacien qui falsifie les médicaments ? — l'ouvrier qui dépense au cabaret la nourriture et les vêtements de ses enfants ? — le médecin ou la garde-malade qui, par négligence, propagent les maladies contagieuses ? — la nourrice qui donne un lait douteux à son nourrisson ? — le cocher ou le chauffeur dont l'insouciance criminelle écrase un enfant ? — le mineur dont la pipe sournoise cause une explosion ?...

Ce sont là des actes qui, pour ne pas toujours tomber sous le coup de la loi, n'en sont pas moins des attentats à la vie.

Que d'actions irréfléchies, que d'oublis nous rendent tous coupables d'abréger ou d'affaiblir la vie humaine ! Vous, jeune fille étourdie, qui laissez une fenêtre ouverte sur votre petite sœur malade de qui la rougeole va avoir des suites graves. — Vous, jeune garçon, de qui la paresse ou les mauvaises fréquentations tourmentent vos parents jusqu'à la maladie (1). — Vous, femme bavarde, qui allez révélant une faute commise par votre voisine et lui enlevez ainsi le mince gain qui lui permettait d'élever ses enfants. — Vous, électeur, qui colportez, sans réfléchir, d'infâmes calomnies sur un homme d'État et lui préparez ainsi une chute imméritée. Songez que vous êtes, en quelque mesure, des meurtriers, vous aussi. Suffit-il, pour vous excuser, de dire que vous ne savez pas le mal que vous faites ?

Veillons sur nous, réfléchissons aux conséquences de nos paroles, de nos actes ; ne faisons jamais à demi ce que nous faisons, afin de ne jamais porter atteinte à la vie.

IV. Cas exceptionnels. — Nous n'insisterons pas sur les cas où la conscience publique accepte qu'un homme ôte la vie à son semblable. Remarquons toutefois que les jugements de l'opinion sont encore trop empreints de cruauté et d'égoïsme. Le plus sûr, quand nous sommes en face de ces raisons de tuer, c'est de *consulter notre conscience,* qui en appellera aux principes : elle nous sera plus sévère que l'opinion et nous guidera mieux.

C'est ainsi que nous n'abuserons pas du **droit de légitime défense :** se défendre n'est pas se venger. La plupart du temps un peu de sang-froid nous permet de juger exactement du danger que nous courons et de réduire nos agresseurs à l'impuissance sans leur ôter la vie.

La **peine de mort** est dans les codes de beaucoup de nations, même généreuses. Elle est très discutée. Au point de vue moral, elle est inacceptable. Elle ne permet pas au coupable le repentir et lui enlève toute possibilité de se réhabiliter. Il semble que la société doive trouver d'autres moyens de mettre le criminel hors d'état de nuire.

Le **droit de guerre** doit être considéré comme le cas de légitime défense appliqué aux nations. La guerre est un mal ; elle n'existera peut-être plus quand les hommes seront meilleurs. La *guerre défensive* est légitime ; mais la lourde responsabilité

(1) Nous avons connu une femme qu'une violente dispute entre ses deux enfants a tuée. Quand elle vit le frère lever la main sur sa sœur, l'émotion fut si violente que la malheureuse mère tomba pour ne plus se relever.

des *guerres offensives* retombe sur ceux qui les ont déclarées ou rendues inévitables.

En temps de guerre, on doit respecter la vie humaine dans tous les cas où il n'apparaît pas nécessaire de la sacrifier.

L'*assassinat politique* est toujours un crime, et il a généralement des résultats contraires à ceux qu'en attendent ses auteurs. Se faire, de sa propre autorité, le justicier d'un peuple ou d'un groupe d'hommes, c'est ériger l'anarchie en règle.

Le *duel*, ce vestige absurde de l'antique et barbare « jugement de Dieu », est condamné par la conscience et contraire à l'ordre public. Le robuste bon sens français en fait justice; le duel sombre peu à peu sous le ridicule.

QUESTIONS A TRAITER OU A MÉDITER. — 1. La calomnie peut détruire une existence aussi sûrement que le poignard ou le poison. Connaissez-vous des faits qui prouvent que la calomnie est cette arme terrible?

2. La vie d'Épictète. Faites ressortir le contraste intéressant de cette existence : le *corps esclave*, soumis aux caprices d'un maître bourreau; l'*âme libre et fière*, ne dépendant que d'elle-même.

LECTURES RECOMMANDÉES. — Manuel d'Épictète (opuscule, traduction C. Thurot). — H. MARION, *Leçons de morale* (11e leçon). — PASCAL, *Les Provinciales* (14e lettre).

Le Droit de posséder

Respect de la propriété

LA PROPRIÉTÉ INDIVIDUELLE EST UNE ACQUISITION DE LA CIVILISATION QU'IL NE FAUT PAS LAISSER REMETTRE EN QUESTION. (DARLU.)

I. La propriété. Sa valeur morale. — Nous n'avons pas à remonter à l'origine du *droit de propriété* ni à le discuter. Ce droit existe ; nul ne songe à dénier à un homme la possession de sa personne, de sa liberté, de sa pensée. Or les autres propriétés dérivent de celle-là. Si, par notre effort, notre travail, nous avons donné à une chose sans valeur un prix qu'elle n'avait pas, cette chose transformée devient notre propriété. Si d'un morceau de bois vous vous faites un sifflet ou des castagnettes, ce sifflet, ces castagnettes sont bien à vous. Si d'un galet que je ramasse au bord de la mer et sur lequel je peins un paysage je fais un presse-papier, ce presse-papier m'appartient.

Le *droit de posséder* est donc fondé sur le droit de jouir des fruits de notre travail, lequel est une part de nous-mêmes, de notre intelligence, de nos efforts, de notre temps.

« La propriété est le bien suprême de l'homme; elle assure à la personnalité humaine un libre développement. Elle résume sous une forme concrète la quiétude de l'esprit, le repos du corps » (1), parce qu'elle permet d'user et de jouir avec sécurité des biens nécessaires ou utiles à la vie. Elle est aussi la garantie de notre dignité et de notre indépendance.

II. Gravité du vol. — C'est pourquoi le vol est chose si grave; il atteint l'homme dans sa vie même. Que de formes il sait prendre! Les voleurs de grands chemins, les coupeurs de bourses, les brigands, les pirates n'ont plus guère d'existence que dans les récits d'autrefois. Mais notre époque est victime de voleurs qui ont utilisé à leur profit les progrès de la civilisation : cambrioleurs, escrocs, fraudeurs, financiers sans scrupules, usu-

(1) VIVIANI (8 novembre 1906).

riers, qui tous cherchent à vivre ou à s'enrichir *sans travailler*.

Ce sont là voleurs notoires desquels il est bon de se défier. Mais il faut nous garder sévèrement nous-mêmes de toutes les indélicatesses qui portent atteinte à la propriété d'autrui : tromper sur la qualité ou la quantité des marchandises, garder les objets trouvés, contracter des dettes sans être sûr de les pouvoir payer, détériorer les objets empruntés, les meubles ou les immeubles d'un propriétaire ou d'une collectivité (le mobilier d'un hôtel, les tables de la classe, les instruments de travail d'une ferme ou d'une usine, etc.), braconner, tromper le fisc sont des vols qui ne troublent pas assez les consciences.

III. La propriété dans la société actuelle. — A notre époque, la propriété a bien des formes ; on peut posséder de l'argent, de la terre, des usines, des maisons de commerce, des navires, des mines, des bâtiments d'exploitation, des chemins de fer, etc.

D'autre part, il y a bien des manières d'être propriétaire : l'un exploite en personne sa terre, son usine, son commerce, son atelier ; l'autre ne voit dans ses propriétés qu'une source de revenus que lui sert son fermier ou son gérant. Le magistrat, le professeur, l'officier, le percepteur sont propriétaires de leur situation, tant qu'ils n'ont pas été jugés indignes de l'occuper. Toutes les formes de propriété sont reconnues par la loi, et le droit de propriété est le même pour tous les propriétaires.

Mais tout le monde n'est pas propriétaire ; il y a une majorité d'hommes qui ne possèdent rien et c'est même un des traits caractéristiques de notre société : les uns possèdent les instruments de production, les autres n'ont que leurs bras.

Des doutes sont nés dans les consciences modernes sur la valeur et l'étendue du droit de propriété. On a fait ces deux remarques :

1° Par suite des circonstances économiques, la richesse se concentre de plus en plus entre les mains de quelques rares privilégiés (individus ou sociétés), lesquels n'ont point *fourni le travail personnel correspondant aux biens dont ils jouissent ;*

2° Il en résulte qu'à l'heure actuelle, la propriété *n'est pas toujours le fruit du travail* et qu'un nombre considérable de travailleurs ne peuvent arriver à posséder ni l'objet qu'ils produisent, ni la propriété équivalente au travail qu'ils fournissent.

IV. Les inégalités sociales. — Aussi notre société offre-t-elle le spectacle d'inégalités choquantes pour la raison. Il y a des *riches*, c'est-à-dire des hommes qui peuvent choisir entre travailler ou ne rien faire et cependant contenter tous leurs désirs et la plupart de leurs caprices, qui jouissent de toutes les satisfactions qu'offre la vie civilisée. Les riches sont, il est vrai, le petit nombre. Il y a, par milliers, des *pauvres*, des prolétaires à qui un labeur écrasant fournit à peine de quoi vivre et faire vivre leurs enfants, qui sont privés des biens nécessaires à la santé (logement aéré et spacieux, nourriture fortifiante et saine), à la vie intellectuelle et morale (loisirs, distractions) et qui n'ont pas la *sécurité* du lendemain. Vienne la maladie ou le *chômage* (1), *la pauvreté devient la misère*, et la condition de ces prolétaires est plus cruelle, à beaucoup d'égards, que n'était celle des anciens esclaves, objets de notre pitié rétrospective.

Bien des hommes de sens et de cœur se demandent si cette inégalité dans la répartition des richesses n'est pas une grande injustice que la société doit essayer de corriger. C'est cette question que l'on appelle la *question sociale*, grave problème qui doit se poser à toutes les consciences, mais qu'il ne faut pas croire facile à résoudre.

Questions a traiter ou a méditer. — 1. « Je n'ai jamais retrouvé aucun des objets que j'ai perdus, et j'ai toujours rendu ceux que j'ai trouvés... Mais c'est fini... Je garde, à partir d'aujourd'hui, tout ce que je trouverai!... » Que répondrez-vous à ceux qui vous parleront ainsi?

2. Faites justice de ce proverbe des écoliers : « Chiper n'est pas voler. »

Lectures recommandées. — Jacob, *Devoirs* (ch. X). — Channing, *Œuvres sociales* (III, les Droits et les devoirs des pauvres).

(1) Le *chômage* est un des plus grands maux de notre organisation sociale, un mal dont les remèdes sont infiniment difficiles à trouver. Il y a toujours, par tout pays, une proportion de 5 à 15 pour 100 d'ouvriers sans travail.

(Ch. Gide, *Foi et Vie.*)

La Question sociale

LA QUESTION SOCIALE EST UNE QUESTION MORALE. (SECRÉTAN.)

I. Remèdes aux inégalités sociales. — Notre devoir est de réfléchir sans parti pris, avec calme, aux moyens raisonnables de remédier à cette inégalité. Beaucoup se mêlent d'en parler sans y voir clair. Il faut se défier de ceux qui apportent des solutions simples à un état de choses si compliqué. Des savants, des économistes, qui longuement, laborieusement ont étudié ces questions, n'osent proposer que de lentes et prudentes améliorations, tant ils sentent les difficultés de brusques changements dans l'organisme social.

Ce n'est pas à nous qu'il appartient de proposer des solutions. Au moins pouvons-nous poser les principes que la raison dégage de cette étude sur le droit de propriété.

1° *Puisque la propriété est pour l'homme une condition essentielle de vie et d'indépendance, il est souhaitable que tout travailleur soit propriétaire.*

Ne serait-il pas bon, socialement et moralement, que l'agriculteur possédât son champ, l'artisan son atelier, le commerçant sa boutique? que les ouvriers de la grande industrie eussent la propriété de leur manufacture, de leur verrerie, de leur mine? Nous croyons que, loin de s'en effrayer, il faut souhaiter que le jour vienne où le sol sera aux laboureurs, la mine aux mineurs, l'usine aux ouvriers. Si ce jour arrive, c'est que les ouvriers auront acquis assez de connaissances, d'esprit d'initiative et de discipline, pour travailler dans les conditions les plus favorables à la dignité et à la moralité. Ils ne gagneront peut-être pas davantage, mais leur besogne aura plus de grandeur morale : ils travailleront pour eux, pour leur famille, pour l'association.

2° *Il paraît équitable que la richesse soit, autant que possible, proportionnée au travail.*

Dans l'état social actuel, qui est loin d'être parfait, malgré les progrès accomplis, la richesse n'appartient pas à qui la produit. On voit même des hommes augmenter démesurément leur richesse grâce au travail d'ouvriers qui reçoivent à peine de quoi subvenir aux besoins les plus indispensables de la vie. Il semblerait donc juste qu'une répartition plus équitable pût être faite. Mais comment changer les institutions de manière que chacun reçoive le prix que vaut son travail? Et qui évaluera ce prix? Qui dira la valeur économique d'une découverte, d'un tableau, d'une statue? Qui fixera le traitement que mérite l'initiative ou le génie? Il y a là des difficultés impossibles à résoudre.

3° *L'intervention de l'État nous apparaît comme nécessaire pour améliorer la condition des ouvriers et résoudre progressivement et pacifiquement la question sociale.*

L'État doit consacrer une part de ses ressources à aider les travailleurs que les accidents, les infirmités, la vieillesse, le chômage, mettent dans l'impossibilité de produire. Il doit chercher les moyens de répartir plus équitablement l'impôt (épargner les objets de première nécessité et frapper les objets de luxe; — faire payer modérément les petits héritages directs et largement les grosses successions; — essayer par des moyens non vexatoires d'atteindre les gros revenus et ménager les petits budgets, etc.).

II. Espoir en l'avenir. — Une juste interprétation des faits de la vie contemporaine nous incline à penser que nous marchons vers une société meilleure, bien que l'époque actuelle soit très troublée. Depuis un demi-siècle, l'idée de la justice sociale a fait son chemin dans la conscience publique, les sentiments de fraternité pénètrent déjà bien des cœurs. Des chefs d'industrie, des patrons ont senti l'obligation d'instruire et d'élever les ouvriers, de les initier à la direction. Les ouvriers qui réfléchissent comprennent qu'il ne faut demander que des réformes progressives et raisonnables, et que leur succès dépend de leur union sous la conduite des plus instruits et des meilleurs d'entre eux.

Quand tout le monde, patrons et ouvriers, riches et pauvres, aura compris, d'une part, que la misère est la grande ennemie et le plus urgent des maux à détruire; d'autre part, que la richesse n'est pas plus que la misère favorable à la moralité et au bonheur, et que c'est à une aisance modeste qu'il faut viser pour le plus grand nombre, alors la question sociale sera bien près de recevoir une solution.

III. Conclusion. — Le principal obstacle au progrès du prolétariat. — « Le principal obstacle au progrès du prolétariat

riat réside aujourd'hui dans l'insuffisance de sa force morale et dans les habitudes mauvaises auxquelles il s'abandonne. Un économiste démocrate, M. Coste, observant que la consommation de l'alcool a doublé en trente ans, a pu écrire que les ouvriers gaspillaient à ruiner leur santé des ressources qui leur permettraient d'acquérir dans l'espace de quinze ou vingt ans la majorité des actions de la grande industrie et de parler en maîtres dans les assemblées d'actionnaires des plus importantes entreprises du pays...

« A mesure que les hommes corrigeront leurs vices et développeront leurs qualités, l'administration économique sera moins coûteuse et leur réservera de plus larges bénéfices. En attendant, ils ont intérêt à modifier en un sens démocratique, mais non à détruire, l'organisation qui existe.

« Il faut opposer au *socialisme de la haine,* violent et destructeur, le *socialisme de la raison,* qui ne demande le progrès démocratique qu'à l'évolution normale des choses et à l'énergie réglée des hommes. Le premier, partout où il pénètre, affaiblit ou dégrade la vie économique, politique et morale. Le second ne pourrait triompher nulle part sans exalter et ennoblir toutes les formes de la vie sociale, et sa victoire finirait par être aimée de ceux-là mêmes qu'elle aurait vaincus. » (Jacob, *Devoirs.*)

Questions à traiter ou à méditer. — 1. Comment peut-on entendre ces paroles d'un philosophe moderne : « La question sociale est une question morale? »

2. La richesse, la pauvreté, l'aisance. Quel est l'état le plus favorable à la moralité?

Lectures recommandées. — P. Janet, *Philosophie du bonheur* (ch. Ier, les Biens extérieurs). — Channing, *Œuvres sociales* (III, De l'élévation des classes ouvrières).

Le Droit de penser

La Tolérance

LE COUTEAU VAUT PEU CONTRE L'ESPRIT. (MICHEL DE L'HOSPITAL.)

I. La liberté de penser. — Son prix. — « Tu ne tueras point, » dit le premier commandement de la justice. « Tu ne prendras rien de ce qui appartient à ton prochain, » dit le second. Mais il ne suffit pas, pour être juste, de respecter la vie et les biens de son semblable : il faut encore respecter sa *pensée*.

Penser, c'est tirer de notre réflexion des opinions et des croyances sur ce qui nous entoure. C'est dire que notre pensée s'exerce sur bien des objets. La vie sociale et politique, les sciences, la morale, la religion sont les sujets principaux sur lesquels nous nous formons des opinions.

Le droit d'examiner les choses par nous-même, de les juger et d'exprimer nos opinions, s'appelle *liberté de penser*. C'est ce droit, le plus cher de tous, que nos semblables doivent respecter en nous comme nous devons le respecter en eux.

Le devoir de *tolérance* est ce devoir qu'a chacun de nous de laisser ses semblables penser librement.

Ce mot de tolérance, dont le sens a si largement dépassé l'étymologie, est pour certains hommes comme l'expression d'une religion. Rien ne leur semble plus sacré que la pensée ou la foi d'un autre; ils conçoivent que l'on tienne plus à ses croyances qu'à sa vie même, quand surtout on les a acquises par un dur labeur d'esprit, quand elles représentent ce que la volonté et le cœur ont pu produire de meilleur. La liberté de penser a en effet pour fondement « le principe de la dignité humaine qui n'admet pas qu'un être qui pense soit contraint de recevoir du dehors des façons de penser et d'agir ». (JACOB, *Devoirs.*)

II. Vérités démontrables. — Croyances personnelles. — Il importe de distinguer les différentes sortes de croyances.

Il y a des vérités auxquelles nul homme de sens ne peut refuser son adhésion; ce sont des *vérités positives*, qui nous sont fournies par la science et qui peuvent se démontrer et se vérifier. On ne saurait parler de liberté de penser quand il s'agit de ces vérités ; on n'est pas libre de croire qu'un animal peut vivre dans le vide, ou que la Terre est immobile en face du Soleil.

Le domaine de ces vérités scientifiques s'étend chaque jour. Si l'un de nos semblables refuse d'admettre une de ces vérités, il faut lui en démontrer l'existence, détruire son erreur par tous les moyens raisonnables.

Mais il y a des croyances d'un autre ordre : les opinions *politiques, morales, religieuses* ne reposent pas en général sur des faits démontrables scientifiquement. Chacun, suivant son éducation, suivant les tendances de son esprit, adopte les croyances qu'il croit les meilleures. C'est dans ce domaine que doit être entière la liberté de penser et que nous devons pratiquer le respect le plus absolu les uns pour les autres. Qui de nous oserait penser que *sa* morale, *sa* religion est plus vraie que celle d'un autre ? N'est-ce pas le comble de l'orgueil et de l'étroitesse d'esprit ? « N'est-ce pas en réalité la « dernière des insolences ? (1) » « C'est mettre son opinion à bien haut prix que d'en brûler un homme tout vif, » dit Montaigne.

III. L'intolérance. — Être *intolérant,* c'est « employer, pour changer l'opinion d'autrui, des moyens étrangers à la raison » (2). Est intolérant quiconque use de la contrainte, de la violence, quiconque fait appel à l'intérêt, à la crainte pour empêcher un homme de penser ou de manifester sa croyance.

On ne saurait justifier l'intolérance en disant : « C'est le devoir de ceux qui connaissent la vérité de la faire triompher et de détruire l'erreur par tous les moyens possibles. »

D'abord, qui donc est *sûr* de tenir la vérité ? Et la connaitriez-vous, n'est-il pas absurde de vouloir me l'imposer par la violence ? Vous savez bien que la vérité a sa force en elle-même et qu'on ne la fait pas entrer ainsi du dehors dans un esprit. Montrez-la moi claire et forte par un raisonnement calme. Avec mon esprit, gagnez-lui mon cœur par votre parole persuasive, et vous n'aurez pas besoin d'autre magie pour me la faire accepter.

IV. Maux produits par l'intolérance. — L'intolérance est peut-être le mal dont l'humanité a le plus souffert. Si on pouvait

(1) E. Rayot. — (2) P.-F. Pécaut, *Éléments de Philosophie morale.*

effacer de l'histoire les faits qui eurent pour causes l'intolérance politique, scientifique ou religieuse, de combien de pages odieuses et sanglantes elle serait soulagée! Que de guerres auraient pu être évitées! que de tortures! que de gibets!

Et pourtant, « il est bon qu'il y ait des hérétiques », selon le vieil adage latin. Ce sont ces hérétiques, c'est-à-dire ceux qui n'ont pas accepté servilement les idées et les pratiques de leurs contemporains, ceux qui ont réfléchi, discuté, contredit, ce sont ceux-là qui ont été les ouvriers du progrès. « L'humanité ne marche et ne monte qu'entraînée par les hommes d'initiative qui se font à eux-mêmes leur chemin. » (Jacob.)

Mais quel courage n'a-t-il pas fallu à ces savants, à ces penseurs, à ces apôtres, à ces âmes de vertu plus haute que leurs concitoyens, pour soutenir leur foi, malgré les persécutions et les tortures! Qu'il nous souvienne de *Socrate*, condamné à boire la ciguë pour avoir essayé d'élever les esprits des Athéniens à la conception d'un dieu unique; de *Jésus-Christ*, martyr de sa propre religion, pour avoir mis la charité et la pureté du cœur au-dessus des vaines oraisons et des pratiques formalistes; de *Galilée*, ce vieillard de soixante-dix ans, forcé de rétracter à genoux et de « maudire » l'indéniable vérité du mouvement de la Terre! (1).

Et souvenez-vous aussi des millions d'hommes brûlés, pendus, roués, égorgés, tenaillés par l'Inquisition; de l'extermination, par milliers aussi, des Albigeois; des violences des guerres de religion dans toute l'Europe, dont les détails font frémir d'horreur; des proscriptions de la Terreur révolutionnaire, des sanglantes cruautés de la Commune.

Aujourd'hui, l'intolérance n'a plus de ces férocités, mais elle est aussi haïssable; celui-ci ne veut rien acheter aux Juifs qu'il souhaite voir repoussés de tous; celui-là dénonce le « péril protestant »; un autre ne saurait admettre qu'un homme intelligent croie en Dieu. Nous voyons des chefs d'industrie refuser du travail à un ouvrier qui a des opinions politiques différentes des leurs; les partisans de tel candidat essayer de convaincre à coups de bâton ou de revolver les partisans de l'adversaire.

(1) Il est curieux de lire la formule d'abjuration que dut prononcer Galilée : « Moi, Galilée, âgé de soixante-dix ans, personnellement en état de jugement et agenouillé devant vos éminentissimes et révérendissimes seigneuries, ayant sous les yeux les saints évangiles que je touche de mes propres mains, j'abjure, je maudis et je déteste l'erreur, l'hérésie du mouvement de la Terre. »

V. L'intolérance religieuse. — C'est au nom des religions qu'on a commis les plus nombreux et les plus grands crimes, et il n'est pas une religion positive qui puisse se rendre ce témoignage qu'elle n'a élevé aucun bûcher, infligé aucune torture, versé le sang d'aucun hérétique.

Voici ce que disent les fanatiques et le principe de leur injustice : « Nous connaissons le vrai Dieu et sa loi. Quiconque se sépare de nous se révolte contre cette loi et contre son auteur; il n'appartient plus au droit commun et doit être condamné sur terre comme Dieu le condamne dans le ciel. Si donc nous en avons le pouvoir, nous frapperons ce révolté, nous l'obligerons par la force à revenir à la *vraie* religion. »

Telle est l'origine de tant d'anathèmes, de persécutions, de meurtres. Il n'est pas malaisé de montrer l'erreur de ce raisonnement. Qui connaît le vrai Dieu? A qui ce Dieu a-t-il confié le privilège de garder sa loi et de la faire respecter? Quels sont ces êtres imparfaits et cruels qui invoquent un être de perfection et de bonté pour imposer en son nom des souffrances à leurs semblables? « Il n'est rien d'*irréligieux* comme l'intolérance. » (F. Pécaut.)

Le devoir de chacun est la déférence pour les convictions d'autrui. Tout croyant doit pouvoir professer et aimer sa foi. Il a même le droit d'essayer de la propager par tous les moyens raisonnables et légitimes (c'est-à-dire par le raisonnement et la persuasion).

Si personne ne doit être inquiété à cause de ses opinions, il va de soi que l'État doit être indépendant à l'égard de toutes les croyances. Son rôle n'est pas de protéger une ou plusieurs religions. L'État n'a pas de foi particulière. Il doit à tous la tolérance.

VI. Conclusion. — Ne nous croyons pas facilement tolérants. L'homme est d'instinct intolérant. Dès que nous croyons tenir une vérité, notre égoïsme et notre orgueil nous poussent à l'imposer. Il faut beaucoup d'esprit et encore plus de cœur pour aimer la *vérité* plus que *soi-même,* pour la chercher partout où elle peut se trouver et l'accepter d'où qu'elle vienne.

« La tolérance est une vertu excessivement difficile. Elle est plus difficile, pour quelques-uns, que l'héroïsme... Prenez-y garde, notre premier mouvement, et même le second, est de haïr quiconque ne pense pas comme nous...

« Attachons-nous à ce qui nous réunit... L'important, pour arriver à s'entendre, est de penser sincèrement, d'être de *braves gens*, des *hommes de bonne volonté*... La tolérance est bien un des noms de l'esprit critique; mais c'est aussi un des noms de la *modestie* et de la *charité*. Elle est la charité de l'intelligence. » (J. LEMAITRE, *Les Contemporains*, VI.)

A y regarder de près, on n'est pas éloigné de croire qu'il suffirait d'être tolérant (à condition que la tolérance ait ses racines dans le respect d'autrui, non dans l'indifférence ou le scepticisme) pour bien remplir ses *devoirs sociaux*.

QUESTIONS A TRAITER OU A MÉDITER. — 1. Commentez ces paroles d'un contemporain : « La tolérance exige un grand effort, une perpétuelle surveillance de soi. Elle s'allie très bien avec les convictions fortes, et c'est parce qu'elle en connait le prix qu'elle ne consent point à les haïr chez les autres. Elle implique le respect de la personne humaine. La tolérance, enfin, c'est bien un des noms de l'esprit critique; mais c'est aussi un des noms de la modestie et de la charité. Elle est la *charité de l'intelligence*. » (J. LEMAÎTRE, *Les Contemporains*, VI.)

2. Distinguer, par des exemples, les *opinions personnelles* des *préjugés*.

LECTURES RECOMMANDÉES. — VOLTAIRE, *Traité de la Tolérance* (ch. XXIII). — JULES LEMAÎTRE. *Les Contemporains* (série VI, p. 386-391).

De la justice à la fraternité

Le droit d'être aidé

IL EST JUSTE QUE LA SOCIÉTÉ, QUI BÉNÉFICIE DE CHAQUE PROGRÈS, ET QUI, DANS LE GRAND COMBAT DE LA VIE, RECUEILLE LES FRUITS DE LA VICTOIRE, EN SUBISSE AUSSI LES CHARGES EN VENANT AU SECOURS DES BLESSÉS ET DES VAINCUS. (CH. GIDE.)

I. Comment s'est élargie l'idée du droit. — Au temps où les hommes sortaient à peine de la barbarie, leurs droits étaient peu nombreux, parce que leurs rapports étaient simples et peu nombreux aussi. Il suffisait aux hommes des sociétés primitives, pour être justes, de n'attenter ni à la vie, ni aux rares biens de leurs semblables.

Mais à mesure que les relations se sont faites plus nombreuses et plus étroites, à mesure que les hommes ont réfléchi davantage, la *notion du droit* s'est précisée, fortifiée, élargie. Chaque siècle nous fait assister à quelque revendication de ceux qui souffrent, dans l'âme desquels se dresse, de plus en plus nette et sûre d'elle, l'idée de leurs droits. Le jour où les opprimés ont la certitude que leur souffrance est contraire à la justice, ils se révoltent. « Le besoin de pain ne fait gronder l'émeute que lorsque naît l'idée d'une justice voulant que tous aient du pain. » (P.-F. PÉCAUT.)

La Révolution de 1789 est sortie de cette idée que les droits naturels de l'homme étaient violés. Aussi, le premier acte des révoltés fut-il de proclamer les *Droits de l'homme.*

Et voilà qu'à notre époque on regarde comme des droits ce qui était regardé autrefois comme des privilèges (Voir page 91). Des philosophes assurent, par exemple, que tout travailleur a *droit* au travail, que tout enfant a *droit* à l'instruction, que tout indigent a *droit* à l'assistance.

II. Le droit à l'assistance. — Étudions ce droit d'être assisté, qui a fait l'objet de tant de discussions en ce siècle.

Il n'y a pas bien longtemps que le devoir d'aider les autres était regardé comme facultatif. Un homme se croyait juste quand il ne dépouillait pas les autres, quand il ne leur refusait pas ce qui leur était dû, qu'il respectait la vie, les biens, la liberté, l'honneur de ses semblables. Aujourd'hui, non seulement l'homme qui veut être juste éprouve comme une gêne et un remords à voir son semblable dans l'impossibilité de satisfaire ses plus urgents besoins, mais il lui reconnaît le droit de réclamer l'assistance de la société.

Le droit à l'assistance s'impose maintenant à la raison commune avec une si éclatante évidence que la loi elle-même l'a reconnu.

La loi sur l'assistance aux vieillards (1) reconnaît que tout Français n'ayant pas de ressources suffisantes, âgé de soixante-dix ans ou atteint d'une infirmité ou d'une maladie incurable, *a droit* à une allocation mensuelle variant suivant la commune de 5 à 20 francs, et pouvant atteindre 30 francs dans certains cas.

La loi sur les accidents du travail (2) a pour but d'empêcher l'ouvrier blessé au travail et sa famille de tomber dans la misère.

III. L'indigence. Ses effets sur l'individu et sur la société. — L'indigence que tous, hélas! nous avons coudoyée, est un des pires maux de l'humanité.

L'indigence est l'état de celui qui est dénué de tout ce qui est nécessaire à la vie. Elle est plus douloureuse que la pauvreté, état précaire, mais qui ne brise pas dans les âmes vaillantes l'initiative et le courage.

L'indigence affaiblit la *dignité personnelle*, parce qu'elle met ses victimes sous la dépendance de tous; elle rétrécit et épuise *l'intelligence*, parce que toute la pensée de l'indigent est absorbée par le besoin immédiat, parce qu'aussi les indigents vivent surtout entre eux sans contact avec les esprits cultivés; l'indigence affaiblit même les *affections domestiques*, enlève toute joie au foyer, faisant aux indigents « un corps et une âme de bête de somme. » (PÉCAUT.)

Elle aigrit le caractère, excite l'envie et souffle la haine au cœur

(1) Loi sur l'assistance aux vieillards (14 juillet 1905), entrée en vigueur le 1er janvier 1907.

(2) 9 avril 1898.

LA FAMILLE MALHEUREUSE,
LITHOGRAPHIE DE PRUD'HON,
D'APRÈS SON TABLEAU.

des malheureux; enfin elle est une cause d'immoralité, car le besoin de jouir est indestructible, et l'indigent recherche, pour se distraire, les plaisirs les plus dégradants.

Déprimante pour l'individu, dangereuse pour la société, l'indigence est un mal que nous devons tous travailler à détruire. Voilà pourquoi d'autres lois d'assistance paraissent encore nécessaires, soit pour secourir les indigents, soit pour combattre les causes de l'indigence.

IV. A qui doit-on l'assistance? — Il y a deux sortes d'indigents qui paraissent fondés à réclamer l'assistance (1) :

1° Ceux dont le dénuement est temporaire, ceux qu'une aide de quelques jours, de quelques mois, de quelques années peut-être empêchera de « tomber dans cet enfer de la misère où ne filtre nul espoir » (2). Tels sont les enfants orphelins ou abandonnés, pour qui un peu d'instruction et un métier seraient le salut; les ouvriers que les nécessités du travail industriel réduisent au chômage; les paysans qu'une mauvaise récolte a faits indigents jusqu'à la saison prochaine; les veuves que la mort du soutien de famille laisse dénuées de tout jusqu'à ce que leurs enfants aient grandi; tous ceux aussi qu'un sinistre a ruinés et à qui un peu d'aide matérielle rendrait, avec le courage et l'espoir, le moyen de recommencer leur vie.

Il suffit parfois d'un léger secours, donné pendant quelques jours, pour permettre à une famille de garder sa dignité et ne pas entrer dans le chemin des dettes d'où l'on ne peut sortir quand on y est entré, pour empêcher la gêne accidentelle de se transformer en misère définitive;

2° Ceux qui sont dans l'impossibilité de pourvoir à leur existence. Ceux-ci ne donnent rien en échange de ce qu'ils reçoivent. Mais la société a un devoir urgent à leur endroit. Infirmes, idiots, fous, épileptiques, dégénérés de toute sorte, innocentes et lamentables victimes des vices de leurs parents, vieillards à qui une vie de travail n'a pas toujours permis d'économiser assez pour l'avenir, tous ces indigents ont droit à l'aide sociale.

V. Y a-t-il des indigents qui n'ont pas droit à l'assistance? — Oui, certes, il y a des indigents à qui l'assistance

---

(1) Cf. Ch. Gide, *Principes d'Économie politique*.

(2) J. Payot, *Cours de morale*.

n'est pas due. Ils sont, hélas! très nombreux, ces êtres que le vice de paresse met hors la société; ces fous que la prodigalité et l'insouciance ont mis à la charge des autres; ces « bohèmes » qui ne peuvent s'astreindre à aucun effort régulier, à aucune discipline; ces professionnels de la mendicité qui trouvent plus rémunérateur et moins pénible d'apitoyer les cœurs sensibles que de travailler... Tous ces « indigents volontaires » ne peuvent prétendre à l'aide sociale. Ce sont là de dangereux parasites, facilement malfaiteurs.

Gardons-nous de classer à la légère un homme dans cette catégorie peu intéressante d'indigents. Surtout, cherchons les moyens d'en diminuer le nombre; « il est prudent et économique de s'en occuper préventivement. » (Ch. Gide.) Demandons-nous, par exemple, si les exigences de la loi sur l'apprentissage, en diminuant le nombre des apprentis, n'augmentent pas le nombre des jeunes gens sans métier destinés à devenir des indigents volontaires, au détriment du nombre des bons ouvriers.

VI. Conclusion. — Le siècle qui a reconnu le droit à l'assistance a fait faire un grand pas à la moralité sociale. Si dorénavant l'émotion de tout homme devant la misère de son semblable est faite d'un peu de remords; si la société se sent comptable du mal qu'elle aurait pu empêcher, on peut fonder de solides espérances sur la moralité de ceux qui vivront après nous. C'est en prenant ainsi à la *fraternité* pour en faire de la *justice* qu'on avance le règne du bien.

Questions a traiter ou a méditer. — 1. Que faut-il entendre par les « droits naturels et imprescriptibles de l'homme ? »

2. Distinguer l'*indigence* de la *pauvreté*.

Lectures recommandées. — Ch. Benoist. *Les Ouvrières de l'aiguille à Paris.* — P. Janet, *Philosophie du bonheur* (chap. Ier).

Fraternité - Charité

AIME TON PROCHAIN COMME TOI-MÊME. (ÉVANGILE.)

I. *Contenu de ces termes.* — Nous avons vu (page 43) qu'il serait puéril de vouloir remplacer le mot charité par le mot fraternité. Ce sont deux termes bien français et bien laïques que toutes les opinions philosophiques comme toutes les croyances religieuses peuvent accepter.

Le mot *charité* signifie *amour*. La vertu de charité nous porte à donner pour but à notre activité le bien des autres, « à mettre notre bonheur dans le bonheur d'autrui », dit Leibniz.

Le mot *fraternité* précise la nature et l'origine de l'affection que nous devons aux autres hommes : « Aimons-nous comme s'aiment, par sentiment naturel, des *frères* dans une famille, et parce que nous sommes, en effet, des *frères en humanité.* »

Qu'on l'appelle charité ou fraternité, le devoir d'amour est le devoir suprême, *car la justice même ne peut être sans l'amour.* Être juste, charitable, fraternel, voilà toute la loi. Voilà la règle qui, dans la pratique, suffirait à résoudre tous les problèmes de la morale individuelle et sociale.

L'amour pour nos semblables nous rend plus compréhensifs, plus capables d'imaginer leurs peines, les difficultés de leur existence. Il nous fait chercher et trouver les moyens de les rendre plus heureux. C'est l'amour qui sait nous rendre bienveillants et doux, joyeusement actifs pour les autres. Il suscite le dévouement, le sacrifice. Il fait les héros désintéressés qui savent s'oublier, supporter des souffrances pour le bien des autres. L'amour inspire tous les courages : le courage — si rare — qui défend les victimes de la médisance ou de la calomnie ; le courage qui dicte l'indulgence et le pardon des injures.

Autrefois — et cet autrefois n'est pas loin de nous — les devoirs d'amour étaient regardés comme des devoirs de luxe, des « devoirs larges ». La charité était facultative.

Nous comprenons maintenant qu'il est urgent de venir en aide à nos semblables qui souffrent, que c'est là un « devoir strict », obligatoire, que c'est par là que nous devons commencer à être justes.

Nous allons chercher quels sont les principaux et les meilleurs moyens de venir au secours des malheureux.

II. La charité publique. — L'État a compris la nécessité d'organiser en partie l'œuvre de charité. Il a inscrit à son budget des sommes destinées à soulager les indigents.

Les départements, les communes ont fait de même. On appelle *charité publique* celle qui est exercée par l'État, les départements, les communes. Les uns et les autres emploient des sommes considérables à cet objet.

Les enfants abandonnés sont recueillis, élevés par le service des *Enfants assistés*, par les *Orphelinats municipaux*. Les ouvriers peuvent, pour un prix modique, trouver une nourriture saine dans les *Cantines populaires*. Les mères, obligées de travailler à l'atelier ou à l'usine, peuvent donner en garde leurs tout petits aux *Crèches*. Beaucoup de villes ont créé des *Maisons de retraite pour les vieillards*, des *Maisons de santé* pour les convalescents, pour les tuberculeux guérissables (1), des *Monts-de-piété* pour les besogneux, des *Asiles de nuit* pour ceux qui sont sans abri.

Presque toutes les communes ont un *Bureau de bienfaisance* qui donne aux pauvres des aliments, du combustible, des vêtements, de l'argent. Il est peu de centres qui n'aient pas un *Hôpital* pour les malades indigents. Toutefois, et malgré tant d'argent employé, il reste encore bien des misères : les unes sont tellement profondes que, pour les soulager, il faudrait plus de ressources qu'on n'en a; d'autres, « les misères honteuses », se cachent et sont oubliées, et puis, les formalités à remplir pour obtenir l'assistance sont longues, et il est des misères qui ne sauraient attendre.

III. Les associations charitables. — C'est pourquoi les associations charitables ont un rôle si important et bienfaisant comme auxiliaires de la charité publique. On appelle de ce nom des groupements libres de personnes qui mettent en commun leurs ressources et leur bonne volonté pour soulager des souffrances. Il n'y en aura jamais assez, car les misères humaines abondent et leurs sources sont difficiles à tarir.

(1) Lyon a, par exemple, le sanatorium d'Hauteville, où les prix sont modiques et d'où sortent améliorées, ou guéries, tant de vies utiles.

Ce que ne peut faire l'État, les associations charitables le tentent. Il leur est d'ailleurs plus facile qu'aux fonctionnaires publics de découvrir le bien à faire; elles disposent de moyens d'information plus variés, plus ingénieux pour découvrir les vraies infortunes.

Des milliers de sociétés répandent leur action bienfaisante sur notre pays; elles offrent tantôt une aide matérielle, tantôt des secours d'un autre ordre, tout aussi nécessaires. Les unes donnent l'*assistance par le travail*, la plus morale de toutes; d'autres créent des *orphelinats*, des *crèches*, des *fourneaux économiques*, des *cafés de tempérance*, des *cliniques*, des *sanatoriums*, des logements sains pour les petits locataires; des *sociétés de protection et de sauvetage de l'enfance* se chargent d'enlever par des moyens légaux à d'indignes parents les enfants qu'ils poussent au vice, et s'efforcent d'en faire d'honnêtes gens. Des associations instruisent, moralisent la jeunesse, tout en lui donnant une aide et des conseils précieux pour la vie pratique.

On peut toutefois souhaiter que ces associations s'organisent avec plus de méthode, que moins d'argent et d'efforts y soient gaspillés. On peut désirer aussi que leur origine et leurs moyens d'action soient inspirés par un autre sentiment que par des rivalités politiques ou religieuses, que la pitié et l'amour y tiennent plus de place que le désir de faire réussir tel candidat politique ou triompher telle religion.

On peut aussi exprimer ce dernier vœu : qu'autant que possible le *secours* — expédient provisoire — fasse place à l'*assistance par le travail*, aux œuvres de coopération et à tout ce qui sauvegarde la dignité humaine.

IV. La mutualité. — Il y a en effet un mode supérieur d'assistance qui nous paraît être plus efficace que tous les autres pour assurer la sécurité et la moralité des travailleurs. C'est l'*assistance mutuelle*. Le principe en est simple : former des sociétés dont les membres s'engagent à s'aider les uns les autres. Des groupes d'hommes peuvent s'entendre pour organiser une *mutualité*.

Chacun d'eux verse une modique cotisation (1); l'ensemble de ces cotisations forme un capital que des placements font fructifier, que des dons peuvent accroître. Que le salaire du mutua-

(1) De 2 à 5 francs par mois en général.

liste vienne à lui manquer par suite de maladies, d'infirmités, de chômage, l'association lui verse une indemnité quotidienne tant que dure cette impossibilité de gagner sa vie. Certaines sociétés donnent aussi à leurs membres les soins du médecin, des médicaments, des pensions de retraite, secourent les veuves et les orphelins.

Les *sociétés de secours mutuels* sont très nombreuses et il s'en crée de nouvelles chaque jour. Elles sont tout à fait indépendantes. L'État les favorise et les encourage. Il y a bien des sortes de mutualités fondées sur le même principe (sociétés d'assurance mutuelle contre l'incendie, la grêle, etc., sociétés coopératives de consommation, syndicats agricoles, mutualités scolaires, etc.).

La mutualité est le mode d'assistance de l'avenir. Le mutualiste ne reçoit pas une aumône ; il a un droit réel aux secours qu'il réclame. Les mutualistes ont su, par leur prévoyance et leur économie, sauvegarder leur dignité ; chez eux, il n'y a pas d'indigents, pas de mendiants, il n'y a que des égaux, des participants.

V. La charité privée. — Un double devoir s'impose à nous ; d'une part, soutenir de notre opinion éclairée la charité instituée par l'État ; de l'autre, faire partie d'associations charitables ou de mutualités.

Mais ce n'est pas là tout notre devoir de charité. Chaque jour, à chaque heure, nos frères ont besoin de nous. Quelques-uns d'entre eux demandent un morceau de pain. Est-il possible de le leur refuser ? Il faut savoir que l'aumône faite aux mendiants de la rue, à ceux qui parcourent les maisons est rarement bien placée. Ne donnons qu'à bon escient le peu que nous pouvons distraire de notre modeste budget. Mais ne nous endormons jamais tranquilles quand nous connaissons une créature humaine qui a faim.

Quelques-uns condamnent la charité privée en disant : « Que faites-vous ? vous ôtez une goutte d'eau de la mer ! » — Et quand cela serait ? Quand nous n'aurions « changé que d'un infinitième la somme de douleur de l'univers » (Guyau), n'est-ce point quelque chose que de faire disparaître une souffrance ?

D'ailleurs, le domaine de la charité privée est surtout le domaine moral. Sans doute il faut que notre frère ait du pain et un foyer, mais il a besoin d'autre chose encore. Nous lui devons un peu de

LE BON SAMARITAIN, EAU-FORTE DE REMBRANDT.

ce que nous avons de meilleur dans l'âme, un peu de ce qui fait notre esprit plus éclairé, notre conscience plus délicate, notre cœur plus généreux.

Approchons-nous du pauvre, de l'ignorant, du coupable même, avec simplicité et sympathie, avec la pensée qu'à leur place nous aurions peut-être moins de courage et de valeur. Essayons de les aider, de les instruire; faisons-leur comprendre les règles de l'hygiène et les règles de la conscience, deux sûrs moyens de diminuer la part du crime et de la misère.

Apprenons au travailleur à découvrir les joies et les bienfaits du travail dont il sait trop les rigueurs et les fatigues. Cherchons à inspirer aux criminels le besoin de la vie honnête, à empêcher que le goût de la mendicité et du vice ne se propage des pères aux enfants. Voilà des moyens que nous avons tous en notre pouvoir pour supprimer ou atténuer une partie des souffrances humaines, pour augmenter la part de paix et de joie de nos frères.

Questions a traiter ou a méditer. — 1. Décrivez une institution de la charité privée que vous connaissez bien. Dites-en les avantages.

2. Les mutualités scolaires. En quoi elles consistent. Leur principe. Leurs résultats.

Lectures recommandées. — G. Chatel, *Lectures morales* (liv. Ier, ch. 1er, §§ 27 à 39). — J. Payot, *Cours de morale* (Devoirs de charité, §§ 132 à 135).

La Famille

SOUS LE TOIT DOMESTIQUE SE FORMENT CES OPINIONS ET CES MŒURS QUI SOUTIENNENT LES INSTITUTIONS OU QUI EN PRÉPARENT LA CHUTE. (Mme NECKER.)

I. Définition et idées générales. — La *Famille* est une *association volontaire*, une petite société, qui est constituée par l'union légale de l'homme et de la femme et par leurs enfants.

A la famille appartiennent encore les grands-parents, les oncles, tantes, cousins et cousines. Il serait plein d'intérêt — ce que nous ne pouvons faire ici — de suivre l'évolution de la famille à travers les siècles, depuis les époques primitives, où le père avait droit de vie et de mort sur les siens, jusqu'à nos jours, où les lois qui régissent la famille sont si élargies. La famille devient de plus en plus une association d'affection et d'intérêts matériels.

L'existence de la famille est nécessaire à la vie sociale. C'est peut-être, au point de vue moral, la plus précieuse et la plus belle des institutions humaines.

II. Il faut fonder une famille. — Pour vivre notre vie complète, pour réaliser et donner le plus de bonheur possible, il faut, après avoir été un enfant docile et aimant, devenir à son tour le fondateur d'une famille. Il est des hommes qui, par un égoïsme mal entendu, redoutent de prendre la responsabilité de créer une famille. Ceux-là se dérobent à un devoir impérieux. La conscience nous fait une *obligation* de fonder une famille; c'est un *devoir social* de transmettre à d'autres la vie que nous avons reçue. Mais, en vérité, ceux qui reculent devant ce devoir méconnaissent leur véritable intérêt, ils ne savent même pas être égoïstes. Ils ignorent qu'il n'est pas de devoir plus doux que d'associer son existence à celle d'autres êtres qu'on aime, pour qui on travaille joyeusement, avec qui on partage tout ce qu'apporte la vie, bonheurs et chagrins, espoirs et mécomptes. Isolé, l'homme est faible, enclin à l'égoïsme et à la mélancolie. Placé au milieu d'une famille où l'on s'aime, il devient fort, dévoué, gai. « J'ai beau chercher, dit Rousseau, où l'on peut trouver le vrai bonheur, s'il en est sur la terre ; ma raison ne me le montre que là. »

Comparez la vie du vieux garçon, rétrécie, incomplète, sujette aux manies, avec celle du père de famille, non certes exempte de soucis, mais si largement désintéressée, si pleine, si utile !

La vie de famille fait produire à l'homme tout ce qu'il vaut. Le mariage et la paternité font à l'homme un cœur plus accessible aux souffrances, un esprit plus compréhensif. Le mariage et la maternité donnent à la femme la conscience de toutes ses forces, de toute sa responsabilité (1).

« Le célibat, dit Franklin, fait perdre à l'homme une partie de sa valeur ; que peut-on faire de la moitié d'une paire de ciseaux ? Cela ne coupe pas, et fait à peine un mauvais râcloir. »

III. Le mariage. — Les législateurs se sont donc inspirés à la fois des lois de la conscience et des besoins sociaux en instituant le *mariage*, libre contrat par lequel l'homme et la femme s'unissent pour s'aider mutuellement et élever en commun leurs enfants.

Le mariage est l'un des actes les plus graves de la vie. N'en parlez qu'avec sérieux et ne l'accomplissez qu'après mûre réflexion. C'est une grande marque de niaiserie et de légèreté d'esprit chez un écolier — ou chez une écolière — que de sourire quand il entend prononcer ce mot.

Il n'y a pas de bon mariage sans une réciproque estime, sans un réel accord dans les caractères, les idées, dans la manière de concevoir l'existence et son but. Il y faut aussi la bonne santé. Ne vous mettez pas dans le cas de donner la vie à des êtres chétifs, incomplets, calamité permanente pour la famille, à charge à eux-mêmes et à la société.

« *Jeunes gens,* mariez-vous de bonne heure, » conseille Franklin. Vous vous préparez ainsi les meilleures chances de vie heureuse, vous ferez plus aisément les concessions nécessaires, vous vous habituerez tôt à une vie réglée et utile, vous aurez plus

(1) Une femme se prive rarement par égoïsme des joies de la famille. Il faut admirer et plaindre celles qui, par esprit de sacrifice, ont renoncé au bonheur de donner leur activité et leur cœur à un mari et à des enfants.

Quant aux exceptions de notre siècle « qui veulent être de plus en plus hommes, célibataires et égoïstes » (CHABOT), ce sont des produits morbides d'une époque de transition qui ne sauraient durer ni se multiplier.

de chance d'élever vos enfants et de jouir d'eux pendant votre vieillesse. Épousez des jeunes filles bien constituées, ménagères actives et cœurs aimants, sans coquetterie et sans duplicité, capables d'être vos compagnes dans la joie, votre réconfort dans le chagrin. Ne regardez pas de trop près à la dot : l'argent vicie dans leur source bien des mariages.

Jeunes filles, n'acceptez pour maris que des hommes sains, courageux devant le labeur à accomplir comme en face de la douleur à supporter, dignes d'être un guide pour vos filles, un modèle pour vos fils.

Quand vous aurez réuni toutes ces garanties de paix et de bonheur, il se pourra cependant que vous ayez des heures troublées. Un peu de lassitude, une déception au dehors, un malentendu au dedans, et voilà que grossit un orage qui éclate en mauvaise humeur, en récriminations, en reproches. Que faire alors? Être calme, ne pas s'aigrir; au lieu de s'ingénier à se trouver des griefs, essayer de se rappeler les preuves d'affection et de dévouement qu'on a reçues, reconnaître ses torts, et pardonner ceux d'autrui.

C'est que « le bonheur ne se trouve pas tout fait dans la famille : il faut le créer en le méritant, » a-t-on dit (1).

IV. Le divorce. — Il est des mariages qui sont des erreurs et ne peuvent durer. La loi, libérale, permet de briser ces liens malheureux par le *divorce.* Mais combien il faut réfléchir avant de se résoudre à employer ce remède, souvent pire que le mal! Quelle catastrophe pour une famille, quel désastre pour les enfants !

Se peut-il que deux êtres de raison et de cœur, qui ont vécu ensemble les mêmes joies et surtout les mêmes douleurs pendant des années, puissent renier ainsi une partie de leur vie! Est-ce que rien peut abolir de tels souvenirs? On dit qu'en certains cantons suisses le juge oblige les époux en instance de divorce à vivre ensemble, seuls, pendant huit jours, avant de prononcer la séparation; peu d'entre eux, assure-t-on, résistent à cette reprise de la vie commune; presque tous s'en vont réconciliés.

Au reste, le divorce ne paraît pas être le point de départ du bonheur. « Dans tous les pays connus, les suicides sont d'autant

(1) J. Payot, *La Morale à l'école* (opuscule du maître, p. 17).

Phot. Neurdein.

L'ACCORDÉE DE VILLAGE, PAR GREUZE.

plus nombreux que les divorces sont plus faciles et plus fréquents. Il y a là une loi de statistique morale à laquelle il n'existe pas une seule exception connue (1). »

Union libre. Des esprits que hante la peur de n'être pas assez libérés des préjugés du passé admettent comme possible l'union de l'homme et de la femme sans consécration juridique (union libre). C'est là une erreur de la raison et de la conscience : « on ne saurait concevoir que l'union de l'homme et de la femme n'engendre pas des obligations juridiques (2). » C'est en effet l'acceptation publique de ce contrat qui donne au mariage sa valeur morale. Il y a là une règle nécessaire, une discipline bienfaisante. Quiconque ne fait pas sanctionner son union par la loi commet une grave faute. Il s'expose aux tentations de ses pires instincts. Qui le retiendra d'abandonner la femme et les enfants qui ne portent pas son nom? Vous êtes sûr, dites-vous, de la constance de votre cœur et de la fermeté de votre conscience. Pourquoi dès lors ne pas vous mettre avec les vôtres sous la protection de la loi? Quel mal voyez-vous à faire enregistrer le jour de votre promesse, comme est enregistré le jour de votre naissance, comme le sera le jour de votre mort?

V. Valeur sociale et morale de la famille. — Le rôle de la famille dans l'histoire de la civilisation a été très bienfaisant. M. Marion le caractérise excellemment en disant que « le degré de civilisation d'un peuple pourrait se mesurer à la solidité de l'esprit de famille et au respect de ce peuple pour les vertus domestiques ».

Si, de nos jours, la société remplit des fonctions autrefois dévolues au père de famille (droit de punir), la valeur morale de la famille n'en est pas amoindrie. Il lui reste à remplir une double tâche : d'une part, elle est une association d'affection et d'intérêts matériels; d'autre part, elle a comme fonction essentielle l'éducation des enfants.

A. La famille, union d'affection et d'intérêts. L'homme et la femme s'unissent parce qu'ils s'aiment. Puis les années, l'habitude de vivre ensemble, les sacrifices qu'on se fait mutuellement, la présence des enfants, la communauté des joies et des peines,

(1) Durkheim, *Libres entretiens sur la condition économique et juridique des femmes.*

(2) Durkheim.

resserrent et fortifient l'union. Il n'est rien de meilleur pour un être humain que cette double affection dont on ne sait quelle est la plus profonde, de celle qu'on donne ou de celle qu'on reçoit. Elle adoucit bien des souffrances, console de bien des échecs, décuple toutes les joies.

La famille, association d'affection, est aussi une association économique. Autrefois elle n'était que cela. Quand on demandait aux Indiens pourquoi ils se mariaient : « Parce que nos femmes vont chercher le bois, l'eau, les aliments et portent tout notre bagage ! » A présent on porte le bagage à deux ; chacun met dans l'association son travail, ses biens ; chacun collabore à l'entretien et à la prospérité de la famille.

B. *La famille, éducatrice des enfants.* Avec l'union affectueuse des intérêts, l'éducation des enfants est la raison d'être de la famille.

Les besoins de l'enfant lui créent le droit d'être « nourri, entretenu, élevé » (Code). La famille lui doit les aliments et les soins qui en feront un être vigoureux, l'instruction qui le rendra juste et bon, c'est-à-dire utile aux autres. Elle lui doit aussi un *métier* qui lui permettra de vivre au besoin. L'enfant fera plus tard partie de la société en tant que citoyen. C'est pourquoi l'État a le devoir d'exiger de la famille que l'enfant soit instruit dans des principes non contraires à son existence ; c'est pourquoi aussi l'État a le devoir de prendre à sa charge les enfants que leurs parents, morts ou incapables, ne peuvent élever.

QUESTIONS A TRAITER OU A MÉDITER. — 1. Tableau de la vie de famille : le labeur du jour, la joie calme des repas, le bonheur des soirées passées ensemble, les distractions en famille.

2. La vie ne vaut tout son prix que dans la famille et par la famille.

LECTURES RECOMMANDÉES. — P. JANET, *La Famille*. — H. MALOT, *Sans famille*. — E. ABOUT, *Le Roman d'un brave homme*. — BOUTROUX, *Discours à l'Académie des Sciences morales et politiques* (3 déc. 1910) [1re partie].

La Famille (Suite)

LE RESPECT DE LA FEMME EST LA BASE DE LA FAMILLE DANS LE MONDE MODERNE. (PROGRAMMES OFFICIELS, 1909.)

I. L'homme dans la famille. — Quand un homme se décide à fonder un foyer, il accepte la double responsabilité de *mari* et de *père*.

A. Le mari. Ce n'est plus le jeune homme inconscient et égoïste qui n'a d'autre affaire que sa personne. Il se doit à sa femme en attendant qu'il se doive à ses enfants.

Son premier devoir est de la faire vivre. Avant de se marier, il s'était assuré les ressources d'une profession; marié, il essaye d'améliorer encore sa situation, de garantir la sécurité de l'avenir par des économies. On a trop dit aux femmes qu'elles étaient créées pour faire le bonheur de leurs maris; on n'a pas dit assez aux hommes le bonheur qu'ils doivent à leurs femmes.

Pour sa femme, le mari se fait attentif et délicat; à cause d'elle, il devient plus réfléchi, plus énergique. Il est un guide et un soutien, sait au besoin donner à sa femme un conseil utile : « si quelque chose lui déplaît dans sa manière de se conduire, il le lui dit avec douceur, mais sans détour. » (Mme Necker.)

La loi lui donne l'autorité. Mais il sait que cette autorité toute morale fait de lui un *protecteur* plus qu'un *maître*, que sa femme n'est ni sa sujette, ni sa servante, car le « mariage est de nature républicaine », comme le disait déjà Aristote.

Il faut qu'il soit bien pénétré de cette idée que les devoirs sont réciproques. Ce qui est vérité pour l'homme ne saurait être erreur pour la femme. Ce qui est faute grave pour la femme ne saurait être peccadille pour l'homme.

B. Le père. L'un des plus jolis spectacles qu'éclaire le soleil est celui d'un homme joyeux et fier entouré de bambins éveillés qui l'appellent *papa*.

C'est un métier séduisant, mais qui n'est point facile, que celui de papa. Pour le bien remplir, il est nécessaire d'y songer de bonne heure et de l'apprendre.

Il faut d'abord, soucieux de sa descendance, veiller sur son *hygiène,* afin de transmettre une santé solide à ses enfants. Il faut ensuite, après avoir choisi une femme saine, intelligente et bonne, savoir lui épargner les fatigues qui rendraient la maternité pénible, bien se convaincre que dix heures de travail à l'atelier ou au bureau sont souvent moins fatigantes que douze ou quatorze heures de ménage.

Quand les enfants sont là, petits et fragiles, un vrai papa ne se croit pas déshonoré pour assister la maman dans les soins à leur donner. Il sait au besoin faire bouillir le lait, aider la mère à donner un bain, asseoir sur sa robuste épaule celui de qui une promenade trop longue a fatigué les petites jambes.

Lorsque les enfants, plus grands, le comprennent mieux et l'imitent, il surveille ses habitudes, ses paroles, afin de ne leur offrir que de bons exemples. Il ne doit pas leur laisser croire que fumer, jouer, boire, sont d'enviables privilèges réservés aux papas. Il ne se fâche pas contre la maman, ne la contredit pas devant les enfants, qui gardent pour tous deux un respect familier et confiant.

Le moment venu, pour les enfants, de la vie studieuse, il s'oblige, malgré les fatigues et les soucis du jour, à jeter le soir un coup d'œil sur les devoirs, à faire de temps en temps réciter une leçon. Il sait, malgré les strictes obligations de sa profession, libérer l'heure nécessaire pour aller s'entretenir avec les maîtres de ses enfants. Il ne compte pas uniquement sur l'école pour donner à ses enfants de bonnes habitudes et de bons exemples.

Ce père prouve, par sa conduite, qu'il ne regarde pas ses enfants comme sa propriété, mais qu'il les élève pour eux-mêmes, pour en faire des êtres aussi heureux que le comporte leur condition d'hommes, des citoyens utiles, des esprits justes, des consciences droites. Au reste, il y trouvera son compte, car la vieillesse d'un tel père sera entourée de respectueuse confiance, d'affectueuse reconnaissance.

II. La femme dans la famille. — Elle aussi a un double rôle à remplir : elle est *femme* et *mère*.

A. Rôle de la femme. L'âge des études succède à l'âge des poupées pour la jeune fille. Ensuite l'heure sonne où la jeune fille devient ménagère et maîtresse de maison ; puis, tôt après, *maman*.

Nos jeunes filles modernes ont cette heureuse fortune de vivre à une époque disposée à reconnaître les *qualités* et les *droits* de la femme; les éducateurs leur en donnent conscience, les législateurs les fixent dans les codes.

Phot. Neurdein.

LA MÈRE LABORIEUSE,
TABLEAU DE CHARDIN.

5

On imagine difficilement le temps où, considérée comme la chose de l'homme, elle était conquise, donnée, vendue, volée, comme une arme, un meuble ou une tête de bétail.

Les dispositions du code napoléonien, oppressives et injustes à l'égard de la femme, sont à peu près abolies. Elle ne pouvait disposer de son bien ni même de son gain; elle ne pouvait témoigner dans les actes de l'état civil, etc. Il ne lui restait que la ressource d'être une poupée élégante et sans cervelle ou une servante humble et opprimée.

On lui reconnaît graduellement les mêmes droits civils, économiques et politiques qu'à l'homme. Nul ne songe maintenant à lui refuser l'accès aux vérités scientifiques ou aux satisfactions supérieures de l'art. On a compris que, pour réaliser le progrès, il importe de perfectionner les femmes, et on en fait de plus en plus les égales de l'homme.

Mais n'oublions pas que cette égalité tant revendiquée est « une égalité dans la différence et non dans l'identité » (1), qu'il y a un idéal féminin, un sublime féminin; que la femme ne doit pas viser à être une mauvaise copie de l'homme, mais à perfectionner sa nature. Elle a reçu des dons incomparables : on voit chez elle le sentiment atteindre une telle intensité qu'il devient une lumière sous laquelle les choses de la vie prennent leur vrai sens, une force qui lui fait accomplir les tâches les plus difficiles. Il faut donc fortifier la raison féminine sans affaiblir le cœur, afin de « refaire un mélange vivant des qualités qui firent le charme et la dignité de la femme du passé avec celles qu'elle veut conquérir dans l'avenir ». (F. Rauh.)

Il est bon qu'une femme étudie et sache bien des choses. Mais la culture et les qualités de son esprit ont un autre champ d'action que la culture et les qualités masculines. L'expérience est faite maintenant : les femmes ont prouvé qu'elles peuvent être bachelières, institutrices, professeurs, médecins, sans pour cela ignorer l'art de faire un bon potage ou un coquet chapeau.

Au fond, la vraie femme a le goût du ménage, et, en définitive, sa place est à son foyer (2) : à la cuisine, où elle se montre adroite et économe; au salon, où triomphent son bon goût et sa

(1) Chabot, conférence du 9 janvier 1910.

(2) Ce n'est malheureusement qu'un rêve. Des milliers de femmes sans ménage et sans foyer travaillent pour vivre comme l'homme. Des milliers d'autres femmes sont obligées de gagner des salaires d'appoint.

grâce accueillante; devant sa corbeille à ouvrage, industrieuse couturière; auprès de la table d'études de ses enfants, patiente et intelligente répétitrice.

C'est par là qu'elle fait l'*unité du foyer* et qu'elle est l'ouvrière du bonheur de son mari. Il trouve près d'elle la douce paix après les luttes du jour contre les choses et contre les hommes, la sécurité après l'inquiétude. Elle est une confidente, l'assiste dans ses affaires, allège ses soucis; elle calme ses impatiences, aiguillonne son courage... « Que d'hommes auraient ignoré leur valeur sans l'encouragement d'une femme. » (RAUH.)

Est-ce à dire qu'il est interdit, à celles qui ont « reçu du ciel l'influence secrète », de donner carrière à leur génie ou à leur talent, d'être, elles aussi, peintres, compositeurs, poètes? Que non pas. Mais, ou celles-là resteront femmes de foyer en dépit de leur génie, ou elles renonceront aux joies du ménage. Si, par un malheur, elles ont du génie et un ménage et qu'elles soient dépourvues de toute qualité féminine, on leur pardonnera le désordre de leur intérieur en faveur de leur génie... et de la rareté du cas (1).

Administrer sa maison, y faire régner une belle unité de moralité et de bonheur, ne signifie pas non plus se désintéresser des œuvres sociales, des missions de charité. La femme la plus occupée sait, quand elle le veut, trouver le moyen de soulager des infortunes, de calmer des esprits exaltés et des cœurs aigris, d'apprendre à des fillettes sans mères à faire la cuisine et à se servir d'une aiguille.

C'est ainsi que, partie du foyer domestique, l'influence de la femme s'étend bien au delà de ce petit domaine. C'est dans les familles, par les femmes, que se forment les éléments purs ou vicieux de la société.

B. Rôle de la mère. C'est pour la femme un bonheur au-dessus de tout que de devenir mère, et c'est dans ce rôle qu'elle s'épanouit pleinement.

Ce bonheur est rarement étroit, égoïste. En général, l'amour maternel élargit le cœur, élève les pensées; on ne dira jamais trop l'influence améliorante de l'amour maternel. « A mesure même que le nombre des enfants augmente, les pensées de la mère grandissent aussi..., sa raison, son intelligence, son éner-

(1) Lire le suggestif portrait de S. Kovalewsky ou « la rançon de la gloire », par Arvède BARINE (*Portraits de femmes*).

gie s'éclairent... Institutrice d'un fils, elle lui inspirera les vertus viriles, le dévouement du citoyen, l'héroïsme politique, militaire s'il le faut...; et tout en conservant ses plus délicales sympathies, elle offrira le type complet de l'humanité. » (Mme NECKER.)

On ne saurait trop instruire les femmes pour leur permettre de remplir les grands devoirs qu'impose la maternité.

Il y a une éducation des jeunes mamans que doivent faire non des *bonnes femmes empiriques*, mais des éducateurs compétents et des livres fondés sur la science.

Le bébé fragile doit être soigné avec intelligence. L'ignorance des mères tue chaque année des milliers d'enfants.

L'enfant grandit : la mère dirige maintenant son développement intellectuel et moral. Ne soyez pas les mères coquettes d'enfants-joujous ou d'enfants-poupées. Que votre ambition suprême ne soit pas d'entendre admirer les belles boucles de votre petit garçon ou la délicieuse robe de votre petite fille.

Aidez votre mari à surveiller l'instruction des enfants; astreignez-vous à le faire à des heures régulières, avec réflexion et méthode. « Soyez savantes, non pour avoir l'orgueil de votre savoir, mais pour en répandre le bienfait autour de vous dans la maison. » (CHABOT.)

Veillez à ce que les progrès de l'intelligence aident aux progrès de la sagesse. Il est excellent de faire des hommes de science, il est mieux de faire des hommes de foi : foi au progrès, foi au pouvoir de la volonté, foi au bien, foi en la vie. Les hommes de foi sont les hommes d'action féconde.

Ne prêchez pas, ne grondez guère. Créez dans votre maison une atmosphère telle que rien de vulgaire ni de bas n'ose s'y produire.

L'influence de la mère est plus profonde sur les âmes de ses enfants que toutes les autres.

« L'avenir d'un enfant dépend toujours de sa mère, » disait Napoléon. « C'est la mère qui fait l'homme de demain, c'est la mère qui, par l'enfant, fait l'avenir. » (CHABOT, conférence du 9 janvier 1910.)

« Un baiser de ma mère m'a fait peintre, » disait Benjamin West (1). Sa mère, ravie un jour d'un de ses dessins, l'avait pris dans ses bras et embrassé avec joie. Ce geste de satisfaction maternelle décida de sa vocation.

(1) Benjamin WEST (1738-1820).

Un fils n'oublie jamais les exemples, les paroles de sa mère. Il est rare qu'un homme supérieur ait une mère médiocre. Quel attachant ouvrage on pourrait écrire sur les mères des grands hommes!

La mère peut devenir à son tour chef de famille : la tâche est lourde. Beaucoup de femmes l'ont remplie à leur honneur et ont développé des qualités viriles quand elles se sont vues obligées de tenir lieu à leurs enfants de père et de mère.

QUESTIONS A TRAITER OU A MÉDITER. — 1. La jeune fille dans l'antiquité (Nausicaa, Iphigénie, Antigone). La jeune fille au XVIIe siècle (Henriette, Armande, cf. Fénelon, etc.). La jeune fille moderne (empruntez vos idées aux œuvres modernes que vous connaissez sur le sujet).

2. Les mères des grands hommes (Washington, Lamartine, Guyau, etc.).

LECTURES RECOMMANDÉES. — Jules GIRARDIN, *Grand-Père*. — FÉNELON, *Éducation des filles* (ch. I à VI, IX à XII).

Les Enfants - Les Domestiques

IL EST BEAU D'ÊTRE UN RAISONNEUR,
DE TOUT DIRE ET DE TOUT ENTENDRE;
C'EST, JE CROIS, UN PLUS GRAND BONHEUR
D'ÊTRE UN ENFANT AIMANT ET TENDRE.
(V. DE LAPRADE.)

SOIS LE MAITRE QUE TU VOUDRAIS AVOIR.
(V. HUGO.)

I. Les enfants. — Il y a un siècle et demi à peine, l'autorité paternelle était si absolue qu'un père de cinq enfants pouvait en faire enfermer quatre au couvent (1). Quand vos grands-pères étaient petits, ils ne tutoyaient pas leurs parents, et rares étaient ceux qui mangeaient à la table paternelle.

Que les temps sont changés! Maintenant l'enfant tient dans la famille une place de choix : on l'écoute, on raisonne avec lui, on se préoccupe de ce qu'il pense.

L'enfant est en effet la plus chère raison de vivre de ses parents. Il n'y a pas de douleur au monde comparable à celle d'une mère qui perd son enfant, à celle d'un père dont le nom est déshonoré par son fils.

Tous les devoirs des enfants se résument dans l'*affection*, qui se traduit par l'*obéissance*, le *respect*, l'*activité diligente*, l'*oubli de soi*, la *tendresse*.

Qui aime son père et sa mère leur obéit promptement, joyeusement. Ne pas obéir tout de suite, c'est désobéir.

Qui aime son père et sa mère respecte en eux leur qualité de parents, leur âge, leur expérience, leur dévouement, les exemples de travail, de probité qu'ils donnent chaque jour.

Qui aime son père et sa mère le leur prouve en essayant de

(1) Quelqu'un demande à Mirabeau père, l'Ami des hommes, des nouvelles de sa famille : « Où est Madame la marquise? — Au couvent. — Et Monsieur votre fils? — Au couvent. — Et votre fille de Provence? — Au couvent. — Vous avez donc juré de peupler les couvents? — Oui, monsieur. Et si vous étiez mon fils, il y a longtemps que vous y seriez. » De cinq enfants, l'Ami des hommes en tient quatre enfermés, sans parler de la mère. (MICHELET.)

diminuer leurs peines. Bien des mamans, afin de laisser à leurs enfants tout leur temps pour étudier, font seules les travaux du ménage. Les enfants qui permettent cela sont des égoïstes et manquent de bonne foi : ils savent bien que leur travail ne souffrira pas s'ils en distraient quelques instants pour aider leur mère. Est-il acceptable qu'une jeune fille parte à l'école, laissant son lit à faire par sa mère? Qu'elle lui laisse le soin de mettre le couvert, de servir à table? Est-il permis à un jeune garçon vigoureux de supporter que sa mère aille chercher un seau de charbon?

Vous avez besoin d'exercices, vous en ferez qui seront doublement utiles en accomplissant ces sortes de travaux.

Enfin, *qui aime ses parents* le leur témoigne aussi par de la tendresse. Il ne faut pas « aimer tout bas et bouche close ». Si la petite fille ou le petit garçon pouvaient sentir un peu de l'émotion bienfaisante qui gonfle le cœur du père ou de la mère quand ils se jettent à leur cou pour leur dire un mot de vraie tendresse, ils penseraient plus souvent à donner ce bonheur qui leur coûte si peu!

II. Les aînés. — Quel beau rôle que celui d'aîné! Quelle préparation à la vie utile! Le grand frère enseigne aux petits tout ce qu'il a appris lui-même. Il trace et aplanit le chemin qu'ils suivront après lui. Il les conseille, il les défend.

> A lui l'honneur de protéger
> La grande sœur, le petit frère...
> Veiller, lutter, souffrir pour eux,
> Voilà, mon fils, ton droit d'aînesse (1).

« Souvent, dit un frère aîné, j'aurais fait l'école buissonnière; mais mon petit frère m'aurait suivi; et j'aimais mieux, ô merveille! quel que fût le beau temps, remplir mon devoir avec lui que de lui faire partager la responsabilité de mon crime... Nous traversions des jardins pleins de choses tentantes, et je regardais tout d'un œil stoïque... Nous avons grandi, nous avons vieilli, nous tenant par la main et par le cœur... Présentement, nous sommes en âge d'hommes, et notre enfance n'a point cessé : l'un ne peut souffrir, que l'autre ne pleure; l'un ne peut se réjouir, que l'autre ne soit heureux... » (L. Veuillot.)

(1) V. de Laprade.

La sœur aînée est une seconde maman. A elle la joie d'aider les petits, de les soigner, de leur tailler des vêtements, de leur confectionner des tabliers, des chapeaux. A elle de donner l'exemple du travail, du désintéressement. Que de grands frères, que de sœurs aînées ont pris courageusement la place de la mère ou du père disparu et ont dirigé la famille aussi bien que l'auraient souhaité ceux qui n'ont pu terminer leur tâche.

III. Les auxiliaires de la famille. — C'est des *domestiques* qu'il s'agit, de ceux qui nous aident dans les lourds travaux que réclame la tenue d'une maison. « On ne trouve plus de bons domestiques, » déplorent maintes bourgeoises. Mais est-il beaucoup de bons maîtres? « Aux qualités qu'on exige d'un bon domestique, connaissez-vous beaucoup de maîtres qui fussent dignes d'être valets? » La question de Beaumarchais est toujours d'actualité.

Il est certain que nos domestiques modernes n'ont guère de traits communs avec les serviteurs d'autrefois. Est-ce un bien, est-ce un mal? C'est un fait. On ne s'oppose pas aux évolutions sociales. L'avenir dira ce que vaut le type de domestique qui se forme.

Une chose nous paraît excellente : c'est que les domestiques essayent de défendre leur dignité d'homme, l'indépendance de leur pensée. La race des laquais est perdue; elle n'est pas à regretter. Le contrat qui lie maintenant le domestique à un maître n'a rien d'humiliant.

Ce qui aiguise le conflit entre les maîtres et les domestiques, c'est que beaucoup de maîtres regardent le domestique comme un outil à manœuvrer plumeau, balai, casserole. Ils ne semblent pas se douter qu'il y a chez eux un esprit qui pense à guider, à redresser parfois, un cœur qui souffre à consoler. Que de dames n'ont pas même l'idée qu'elles pourraient donner un conseil utile à leur bonne pour placer ses économies, acheter un costume de bon goût, accepter ou refuser une demande en mariage! Tenez pour certain que la maîtresse de maison qui trouve de bons domestiques malgré leur rareté est une femme à l'esprit large et au cœur bon.

La condition la meilleure, pour une femme de moyenne situation, est de pouvoir se servir elle-même. Mais, si vous êtes contraints de vous faire aider, ne tolérez jamais chez vous de domestiques vicieux.

Supportez les défauts qui ne nuisent ni à l'*éducation des enfants* ni à la *bonne marche de la maison*. N'avez-vous rien à vous faire pardonner vous-mêmes? N'acceptez pas que votre domestique mente; mais donnez-lui l'exemple de l'absolue sincérité. Voici un dialogue qu'on peut entendre tous les jours : « Françoise, on ne doit jamais mentir, sous aucun prétexte. » On sonne... — « Dites que je n'y suis pas. »

Autrefois, on parlait trop aux domestiques de leurs *devoirs* : on ne leur en parle pas assez aujourd'hui. Pour eux, le maître est trop souvent l'ennemi avec lequel il faut ruser, de qui on se moque par derrière pour se venger des égards qu'il exige; on peut mésuser de son vin, de son argent; on peut colporter ses secrets après les avoir surpris.

Les maîtres ne sont pas responsables de tous ces défauts. Il serait à souhaiter qu'on donnât aux domestiques, en même temps que le sentiment de leurs *droits*, la notion claire et solide de leurs *devoirs*.

IV. L'esprit de famille. — L'esprit de famille est la solidarité qui unit les membres d'une famille. Il peut être une tradition de droiture, de travail, d'honneur, trésor précieux que chacun s'efforce de conserver.

On a le droit d'être fier d'appartenir à une famille qui a laissé des souvenirs de gloire, de science, de bienfaisance. Mais cette fierté doit se doubler de la volonté d'être digne de ses ascendants. Porter un nom glorieux et le déshonorer est doublement odieux.

Du reste, il ne faut pas souffrir exagérément d'appartenir à une famille sans lustre, ou dont le nom a été souillé. Chacun vaut par ce qu'il est. Il n'est jamais trop tard pour commencer une lignée d'honneur et de vertu.

Il y a un esprit de famille qui est un féroce égoïsme, source de conflits haineux dans une cité. L'histoire a gardé le souvenir de terribles rivalités de famille à famille. Cet esprit d'égoïsme familial cherche à accaparer richesses, dignités, emplois, faveurs. On voit parfois « les individus d'une même famille se suspendre les uns aux autres pour escalader la fortune ». (Janet.)

Il y a un esprit de famille qui n'est qu'un égoïsme puéril, un peu ridicule. « On ne trouve beaux que ses enfants; on surveille jalousement les progrès de leurs camarades; on n'admire que les habitudes, les principes de la maison, depuis l'éducation qui s'y donne jusqu'aux confitures qui s'y font. Évitons d'imiter le hibou :

Mes petits sont mignons,
Beaux, bien faits et jolis sur tous leurs compagnons (1). »

V. Conclusion. — Les familles ont, comme les individus et les collectivités, leurs vertus et leurs défauts. Mais les vertus l'emportent. La famille est la société la plus parfaite qui soit. Elle est la source où s'alimentent les vertus sociales qui font les grandes nations.

Questions à traiter ou à méditer. — 1. Que veut dire Victor de Laprade par ces vers :

« ..... Mais il ne suffit pas
D'aimer tout bas et bouche close.
A ceux que l'on veut rendre heureux,
Des souhaits que l'on fait pour eux
Il faut dire au moins quelque chose. »

2. Comment parleriez-vous à une « bonne » que vous engageriez? Que lui demanderiez-vous? Que lui promettriez-vous ?

Lectures recommandées. — Fénelon, *Éducation des filles* (ch. XII). — J. Simon, *L'Ouvrière* (1re partie).

(1) Rauh, *Psychologie.*

L'École

LA VIE SCOLAIRE D'AUJOURD'HUI CONTIENT EN PUISSANCE LA VIE NATIONALE DE DEMAIN. (H. L.)

I. École primaire et École primaire supérieure. — A votre arrivée à l'école primaire supérieure, vous avez remarqué de grandes différences avec l'école primaire. Au lieu d'un maître unique, enseignant toutes les matières du programme, demeurant avec vous une année et même davantage, vous avez trouvé des maîtres nombreux donnant chacun un enseignement spécial et ne demeurant avec vous que quelques heures par semaine. Un instant désorientés, vous avez bien vite compris que vous n'étiez pas entrés dans une voie différente, mais que l'école primaire supérieure est comme une route plus large, prolongement naturel de l'école primaire. Vous avez deviné qu'ici, comme là-bas, une *règle* invisible et présente, toute-puissante sur les maîtres comme sur les élèves, domine et dirige la vie scolaire; qu'ici comme là-bas, vous vous préparez à la vie sociale en apprenant à obéir à une *loi*. Vous apportez ici ce que vous avez acquis là-bas, ce que vous emporterez dans la vie ensuite.

Il dépend de vous que cette préparation soit plus complète et meilleure, ou qu'elle reste insuffisante et médiocre; il dépend de vous que votre existence d'écolier soit remplie de souvenirs de lumière et de joie ou qu'elle se représente à votre mémoire pleine de mélancolie et d'obscurité.

II. L'école. — La classe. — Votre *école*, c'est l'ensemble de tous les maîtres et de tous les écoliers de l'établissement où vous recevez l'instruction.

Votre *classe*, c'est le groupe d'écoliers avec lequel vous suivez les mêmes exercices, c'est la salle coutumière où vous recevez vos leçons.

Aimez votre école et aimez votre classe comme vous aimez votre cité et comme vous aimez votre famille. La vie scolaire d'aujourd'hui contient en puissance la vie nationale de demain. Ce n'est pas sans émotion qu'en voyant passer des rangs serrés d'écoliers et d'écolières, vos aînés songent qu'ils ont sous les yeux les artisans de la prospérité ou de la décadence de la France de demain. « Quand j'approche d'un enfant, disait Pasteur, il m'inspire deux sentiments : celui de la tendresse pour le présent, celui du respect pour ce qu'il pourra être un jour. »

Respectez votre école et respectez votre classe. *Respecter son école,* c'est s'incliner devant la règle qu'elle représente; c'est se faire l'auxiliaire des maîtres pour lui vouloir toujours plus de force intellectuelle et plus de valeur morale; c'est ne rien supporter qui soit préjudiciable à son bon renom et à sa bonne tenue.

L'Art à l'école. — *Aimer et respecter sa classe,* c'est aussi la vouloir soignée et jolie; c'est n'y point laisser de taches, n'y pas taillader les tables, n'y pas barbouiller les murs, n'y pas jeter des papiers déchirés; c'est s'y présenter dans une tenue convenable, vêtements brossés et chaussures cirées; c'est entretenir soigneusement le mobilier, comme le petit jardin ou les quelques plantes grimpantes de la cour; c'est aider à l'orner par des fleurs ou par son talent; c'est choisir des cahiers décorés avec goût et les tenir avec soin; c'est ne faire aucun des exercices scolaires sans y apporter de l'ordre et de l'attention; c'est enfin mettre de l'*harmonie entre l'écolier et l'école,* l'une n'offrant à l'autre que de belles images et de nobles idées. La pureté du goût achemine vers la pureté des mœurs et des caractères. « Le bon goût prend aisément la forme du respect de soi. » (MARION.)

Voici l'école primaire supérieure de garçons : « La décoration de la salle revêt un caractère nettement professionnel. C'est l'histoire murale des métiers : la culture et l'industrie du lin, la ferronnerie, la dinanderie. Le dessin est ici à la base de tout. Voilà, sur les tables, les objets réels en plâtre, en bois, en fer, en cuivre, qui inspirèrent le pinceau des décorateurs et qui s'offrent à la copie attentive des écoliers avec cette inscription : « Ces objets sont placés sous la protection des élèves. » Le cours de dessin, fait uniquement *d'après nature,* est vraiment suggestif. C'est, pour ces jeunes artisans, la *probité de l'art.* C'en sera demain le *respect.*

« A l'école primaire supérieure de jeunes filles, la caractéristique, c'est le *culte du foyer.* Les voici, toutes gracieuses, de douze à seize ans, enjolivant les fenêtres de graminées, de feuillages collés entre deux vitres. Au cours de dessin, elles « stylisent » comme nos meilleurs décorateurs. A l'atelier, elles soutachent les rideaux, brodent les tapis, s'exercent à la pyrogravure, à la cuiroplastie, à ces *travaux manuels de la femme* qu'une suite de fresques représente sur les murs entre la *Science* et la *Poésie*. Au rez-de-chaussée, l'économie domestique : la cuisine, avec des menus copieux à six sous par tête; la chambre ouvrière, où ces jeunes filles apprennent ce dont parfois les nôtres rougissent : le ménage, la literie, l'hygiène, les soins à donner aux nouveau-nés, aux malades, aux blessés. Ingénieuse et délicate tendresse; comme tout cela justifie la maxime inscrite au mur : « Le foyer agréable maintient la « famille heureuse ! » Heureux pays, où l'*Art au foyer* succède si naturellement à l'*Art à l'école!* Qu'attendons-nous en France pour en faire autant?... (1) » car depuis un moment nous sommes à Anvers.

III. Joies de l'étude. — Beaucoup parmi vous pensent, avec l'enfant à la châtaigne, « que l'étude est chose maussade » (2). C'est qu'ils ne savent pas en découvrir et en goûter les douceurs.

Sans doute, tout n'est pas joie dans l'effort pour comprendre la géométrie ou dans les difficultés à vaincre pour composer un devoir français. Mais qui de vous n'a passé déjà quelques quarts d'heure délicieux à poursuivre la solution d'un problème? à lire, plume en main, un ouvrage riche d'idées? à parcourir, avec un explorateur intelligent, des contrées lointaines? à reconnaître, sous la richesse si variée des créations naturelles, les *lois* qui en résument l'harmonieuse unité? Ces quarts d'heure, vous pouvez les multiplier et vous assurer ainsi qu'il n'y a guère pour l'esprit de jouissance plus pure que de découvrir et d'acquérir des vérités qui l'étendent et le fécondent.

Vous êtes à l'âge où la raison s'éveille, où l'on commence à remplacer les idées apprises et les principes d'obéissance par des idées comprises et des principes consentis; où l'on réfléchit, où l'on cherche à « aiguiller » sa conduite. Il y a, dans cette prise de possession de soi-même, de ses forces intellectuelles, une joie intense; choisir sa règle de vie, se faire à soi-même, avec l'aide de guides affectueux et éclairés, des opinions et des principes,

---

(1) Extrait d'un petit volume, *L'Art à l'École* (Librairie Larousse), que devraient lire tous ceux qui ont une part, petite ou grande, dans l'œuvre de l'école (maîtres, professeurs, parents, architectes, etc.).

(2) ARNAULT, *L'Enfant et la Châtaigne*.

Phot. Giraudon.

L'ÉTUDE (DANS LE TRAVAIL, LE REPOS), PLAQUETTE DE O. ROTY.

quelle source de satisfactions intimes pour la pensée, de vivantes discussions entre camarades animés d'une même sincère ardeur !

IV. *Les maîtres.* — Vous avez à remplir trois grands devoirs envers vos maîtres : l'*obéissance*, le *respect*, la *reconnaissance*.

Il faut s'entendre sur l'*obéissance*. Les écoliers récalcitrants sont rares, en vérité : en classe, on obéit, de force ou de gré; les apparences sont sauvées. Mais l'obéissance importe moins que l'esprit dans lequel elle est acceptée. La véritable obéissance, la seule qui ait quelque prix en soi et qui vaille pour former votre moralité, est l'adhésion volontaire à la règle dont le maître est le représentant. L'élève qui se soumet à la loi scolaire saura obéir à la loi civile, comme à la loi de sa conscience.

Votre *respect*, enfants inexpérimentés et ignorants, va naturellement à vos maîtres. Votre esprit s'incline, que vous le vouliez ou non, comme dit Kant, devant leur expérience, leur science, leur valeur morale. Mais vous ne savez pas toujours témoigner ce respect par vos manières. Par gaucherie, timidité, respect humain, vous manquez de déférence, vous ne surveillez pas vos gestes, vous laissez échapper des paroles que vous regrettez, vous ne pensez pas à vous découvrir ou à saluer en temps opportun. Vos maîtres n'imputent pas à crime pareilles négligences. Mais ils trouveraient si doux de voir vos manières d'accord avec vos sentiments. Le secret de les y mettre est de vous oublier un peu vous-mêmes pour penser davantage aux autres et au plaisir que vous pouvez leur faire.

On peut exiger les apparences de l'obéissance et même les marques du respect; on ne saurait exiger ni la reconnaissance, ni les témoignages de la reconnaissance. Il est des cœurs mal nés pour qui la reconnaissance est un lourd fardeau.

> On n'aime pas à voir ceux à qui l'on doit tant,

dit l'odieux Prusias.

Pour une belle âme, un tel sentiment est très doux à éprouver. Le grand Corneille, à soixante ans, dédiait encore une tragédie à l'un des maîtres de sa jeunesse. Sa glorieuse carrière ne lui avait pas fait oublier la reconnaissance qu'il devait à ceux qui avaient ouvert son esprit et formé son cœur. Quel écolier n'aurait l'âme pleine de gratitude pour ceux qui mettent tous leurs soins à le rendre plus instruit et meilleur ?

V. Les camarades. — Vous êtes en classe avec un grand nombre d'écoliers à peu près du même âge, mais dont les intelligences, les caractères diffèrent autant que les physionomies. Que cette égalité d'âge et cette communauté de vie soient des liens; que cette variété des caractères et des esprits soit un moyen d'éducation mutuelle. Ne soyez ni taquins ni brutaux : on ne sait pas assez de combien de maladies prématurées les coups reçus à l'école ont été la cause.

Vous venez à l'école pour cultiver vos intelligences. Il n'est pas nécessaire que vous soyez le premier ni même dans les premiers; il suffit que vous donniez tout l'effort que vous pouvez donner. Aimez, quand ils en sont dignes, ceux qui réussissent mieux que vous. Ne soyez ni jaloux ni envieux; n'ayez pas d'ambitions irréalisables. La vie sociale n'a pas seulement besoin de « forts en thème ». « La vie dérange et quelquefois renverse le classement de l'école. Parmi ceux qu'on appelle aujourd'hui les déclassés, on trouverait plus d'un ancien élève à succès, comme parmi ces enfants qui n'ont point connu l'ivresse des proclamations solennelles, il en est qui parviennent aux plus hautes situations... Les uns ont perdu leurs qualités brillantes par la vanité..., les autres ont joint à des qualités sans éclat la patience et le sentiment du devoir... » (Vessiot.)

Cherchez à développer les meilleures parties de votre nature. L'école primaire supérieure vous ouvre des voies diverses : tel qui a de médiocres aptitudes en calcul réussit fort bien au travail manuel; il ne sera pas comptable, il pourra être un excellent ébéniste. Telle jeune fille, pour qui la grammaire garde jalousement ses secrets, brode et nuance avec goût; elle ne sera pas institutrice, mais elle dirigera avec succès un atelier de broderie.

Soyez loyaux dans vos relations avec vos camarades. Ne dénoncez pas leurs fautes, surtout pour vous excuser ou les faire punir. « Toute délation inspirée par la malignité, l'intérêt personnel, la haine, l'envie, mérite la réprobation (1). » Mais ne mettez pas un faux point d'honneur à vous taire quand il est nécessaire de défendre les faibles, d'éviter une punition à des innocents. Employez toute votre éloquence à engager un coupable à se faire connaître; s'il refuse, prévenez-le que vous vous sentez obligé de le faire vous-mêmes.

(1) J. Payot.

Faites-vous des *amis;* rien n'est plus doux que ces liens formés sur les bancs de l'école. On reconnait la véritable amitié à l'estime mutuelle, aux conseils qu'on ose donner et qu'on sait recevoir, à la sécurité qu'on éprouve à se confier l'un à l'autre.

Fuyez les *mauvais camarades.* Vous les reconnaîtrez à leur dissimulation. Le hasard d'un mauvais voisinage peut vicier toute une existence scolaire et, par là, toute une vie.

VI. Quelques défauts d'écoliers. — Nous ne saurions quitter ce chapitre de l'école sans vous mettre en garde contre quelques défauts spéciaux aux écoliers.

Il y a l'*étourdi,* qui n'est pas loin de se trouver charmant. « Ce n'est qu'une faute d'étourderie, » dit-il en souriant. — Eh bien, mon ami, mieux vaudrait faute d'ignorance. Qui pèche pour ne pas savoir ne pêchera plus quand il saura; quant à vous, étourdi, on ne sait jamais dans quelle faute — grave ou vénielle — votre défaut d'attention va vous laisser tomber.

Il y a le *fanfaron,* qui n'a peur de personne, qui fait le mal par bravade, se constitue le loustic de sa classe, n'a pas d'autre idéal que de faire rire ses camarades par ses gestes, ses réponses, ses grimaces. Le fanfaron n'est jamais un élève très intelligent; il a rarement un cœur délicat.

On voit aussi dans les classes des *esprits indépendants,* volontiers *anarchistes,* qui se figurent qu'être libres, c'est n'obéir à aucune loi. Contredire, s'insurger, est leur manière d'affirmer leur personnalité. Quand ces élèves sont intelligents, ils se corrigent d'eux-mêmes, simplement en réfléchissant. Quand ils ne sont pas intelligents, ce sont de *mauvais esprits* qu'il faut fuir : ils dénigrent, dessèchent, amoindrissent tout ce qu'ils touchent.

Les *paresseux* sont légion. Il y a bien des sortes de paresses. « Un hygiéniste, pitoyable aux paresseux, distingue la paresse d'indocilité, la paresse de souffrance, la paresse de fatigue et la paresse d'ennui. De la première, il faut triompher à tout prix; car, si la loi du travail est dure pour vous, ce n'est pas une loi pour vous seulement, et il faut que vous preniez de bonne heure l'habitude de vous y soumettre. La paresse de souffrance se reconnaît à un certain dégoût de toute espèce d'activité, surtout de l'activité physique. Là, il faut consulter un médecin et se soigner. Quant aux deux autres formes de la paresse, elles sont les réactions naturelles contre le *surmenage;* mais vous convenez bien que le surmenage n'est dangereux que pour une très petite minorité (1). »

Cherchez avec sincérité l'origine de votre paresse et vous découvrirez qu'en général l'effort de la volonté est le meilleur remède contre ce défaut.

VII. Conclusion. — **L'école, dit-on, est l'image de la vie. Oui, mais d'une vie d'où l'on aurait ôté les fatigues excessives, les grands soucis, les lourdes peines, pour n'y laisser qu'une activité joyeuse, mesurée à vos forces, facile apprentissage de la vie d'homme. Être écolier, c'est être guidé, instruit, aimé. Jouissez bien de ce bonheur.**

QUESTIONS A TRAITER OU A MÉDITER. — 1. Qu'entend-on, chez les écoliers, par un « mauvais esprit »? Quels dangers fait-il courir à ses voisins? à la classe entière?

2. Décrivez une classe décorée avec goût.

LECTURES RECOMMANDÉES. — *L'Art à l'École* (librairie Larousse). — PÉCAUT et BAUDE, *L'Art, simples entretiens* (librairie Larousse). — GIRARDIN, *Le Roman d'un cancre.*

---

(1) D'après THAMIN, *Psychologie appliquée.*

La Profession

LA CHOSE LA PLUS IMPORTANTE A TOUTE LA VIE, C'EST LE CHOIX DU MÉTIER. (PASCAL.)

FAIS CE QUE TU FAIS. (MAXIME ANTIQUE.)

I. Notre temps n'admet pas un homme sans métier. — Mes enfants, dit un poète contemporain...

> Mes enfants, il faut qu'on travaille;
> Il faut tous, dans le droit chemin,
> Faire un métier, vaille que vaille,
> Ou de l'esprit ou de la main.
>
> (V. DE LAPRADE.)

Quelques hommes — une faible minorité — peuvent vivre sans travailler, parce qu'ils sont riches. Disons-nous bien que leur situation n'est guère enviable. Ils ne sentent jamais le besoin, ce bienfaisant aiguillon du travail, et il leur faut plus de volonté qu'aux autres pour mener une besogne à bout. Leur conscience et l'opinion leur disent cependant que leur fortune ne les dispense pas de faire œuvre utile, de produire à leur tour pour les autres.

Leur intérêt est d'accord avec le commandement de leur conscience : d'abord, l'effort régulier entretient la santé et éloigne du vice; et puis, quelles fortunes résisteraient à deux ou trois générations d'oisifs? D'ailleurs, ces riches reconnaissent qu'ils doivent au travail la meilleure joie, cette fierté que donne le sentiment d'être utile. Or, pareille joie est à la portée du plus humble travailleur.

Nous ne sommes pas de ceux que leur richesse dispense du travail. Il ne faut pas le regretter. Nous sommes de ceux que la nécessité de vivre et de faire vivre les nôtres contraint à exercer une profession. Quelle aide pour la volonté que cette obligation de travailler pour vivre!

Cherchons dans quelles conditions nous sommes pour choisir une profession, et comment concilier cette obligation de remplir une tâche avec notre désir d'être heureux, de nous rendre utiles à notre famille, à notre patrie, à la société.

II. Inégalité des aptitudes. — Dès le berceau, les hommes sont inégaux. Les uns apportent en naissant des promesses de vigueur, de santé; d'autres naissent chétifs et laids. Leurs dispositions intellectuelles sont différentes aussi ; la mémoire, l'imagination, l'intelligence sont inégalement réparties entre eux. Ils diffèrent moralement : les uns sont déterminés par une ascendance de qualités, les autres par une ascendance où domine le mal. Nous sommes les victimes ou les bénéficiaires de l'hérédité.

A ces fatales différences d'origine s'ajoutent les inégalités qui résultent du *milieu* dans lequel nous vivons, de l'*éducation* que nous recevons.

Par exemple, la *misère*, qui appauvrit les organismes, éteint les intelligences; qui est une conseillère de haine et de vice, est un facteur d'inégalité dont ne sont pas responsables ses victimes. La pauvreté — moins douloureuse que l'indigence — est souvent aussi un obstacle à l'épanouissement de nos facultés : de vigoureuses intelligences ont été épuisées par une lutte pénible contre la pauvreté (1). Une vie trop facile laisse moins d'endurance, d'esprit d'initiative, de force morale, moins de compassion pour autrui.

Les *hasards de l'éducation* sont aussi une source d'inégalité. Vous avez cette bonne fortune d'être élevés dans une école primaire supérieure : souvenez-vous de certains camarades d'école primaire — mieux doués que vous peut-être et plus laborieux — que la nécessité de gagner leur vie a contraints au travail dès leur sortie de l'école primaire; l'insuffisance de leur culture leur interdira probablement l'accès de carrières où vous entrerez sans peine au bout de vos études.

III. Diversité des fonctions. — La différence de nos aptitudes, la variété des besoins sociaux, expliquent la diversité des fonctions. Le nombre des professions est considérable, et chaque jour il s'en crée de nouvelles qui répondent à de nouveaux besoins.

---

(1) Ne nous hâtons pas toutefois de nous regarder comme des déshérités parce que notre condition est précaire; que de belles existences sont sorties d'une lutte énergique contre la pauvreté. La pauvreté donne à l'homme le sentiment de sa force, le contraint à tirer de lui tout ce qu'il est, à se créer sa destinée de ses propres mains. — « Toutes les grandes révolutions morales, sociales, religieuses, ont été faites par les pauvres. » (JANET, *Philosophie du bonheur.*)

Il n'y a pas de sot métier. Il n'y a pas de profession humiliante parmi les professions utiles. Il n'y a que des esprits mal faits qui jugent un homme non sur ce qu'il est, mais sur ce qu'il gagne.

Il ne faut pas que les travailleurs aient des idées fausses sur leurs mérites respectifs : « Le négociant qui n'a pas d'enseigne à sa maison se croit supérieur à ceux qui en ont une... Entre ouvriers, il y a un classement aristocratique. Les imprimeurs prennent la tête, les chiffonniers, les vidangeurs, les égoutiers ferment la marche. Tous les autres se croient au-dessus d'eux ; eux-mêmes, par une modestie absurde, se placent au-dessous de tous les autres. Et pourquoi? parce que leur travail est plus pénible et plus répugnant. Mais, pauvres imbéciles que vous êtes, plus grands sont les dégoûts et les difficultés, plus il est honorable de les vaincre. Les premiers en ce monde sont les meilleurs et les plus utiles. Soyez honnêtes gens, ne roulez pas dans l'ivrognerie et dans la débauche, et tout en remplissant vos hottes, en roulant vos tonneaux, en balayant vos égouts, vous prendrez le pas sans difficulté sur les petits messieurs qui s'enivrent au café. » (E. About.) Les musulmans ont raison qui « disent qu'un homme doit être honoré pour ses vertus et sa sagesse, quel que soit le métier qui lui donne du pain ».

Du reste, à notre époque, le prestige de la fonction ne suffit plus à forcer le respect : c'est la manière dont il remplit sa tâche qui fait juger un homme; chacun sait qu'on ne fait pas un député honnête avec un avocat sans probité, un maire ponctuel avec un médecin négligent.

Questions a traiter ou a méditer. — 1. De la valeur respective des travaux manuels et des travaux intellectuels.

2. Est-ce réellement un bonheur que d'être assez riche pour n'être pas contraint d'apprendre un métier?

Lectures recommandées. — La Bruyère. *Les Caractères* (Du mérite personnel). — Channing, *Œuvres sociales* (De l'élévation des classes ouvrières, §§ 76 à 97).

La Profession (Suite)

SOIS ARTISAN OU LABOUREUR,
MARCHAND, SOLDAT, AMBASSADEUR,
SOIS MARIN, COLON OU SCULPTEUR,
MAIS RESTE, AU FOND, TOUJOURS UN HOMME.
(H. L.)

I. Le choix d'une profession. — Vous avez l'âge où l'on se décide pour une profession. Étudiez avec sincérité vos *aptitudes* et vos *goûts* — vos aptitudes plutôt que vos goûts — et voyez où ils vous dirigent. Aimer l'uniforme et les galons dorés n'est pas le signe d'une irrésistible vocation militaire, pas plus qu'aimer les vacances ne signifie qu'on sera une bonne institutrice.

Êtes-vous solidement charpentés, avez-vous du goût pour les tâches actives et variées, avez-vous de l'esprit d'initiative? Ne vous tournez pas vers la vie du bureaucrate. Employez ces dons dans l'agriculture, le commerce, l'industrie. — Êtes-vous de tempérament calme, équilibré? aimez-vous les besognes patientes, les tâches minutieuses, les calculs précis, le dessin? Tournez-vous vers les laboratoires de chimie, de pharmacie, d'histoire naturelle; soyez comptable, caissier, ajusteur, mécanicien, ciseleur, dessinateur d'industrie, ébéniste, fabricant d'instruments de précision. — Avec de la force physique, de bonnes habitudes d'hygiène, de la décision, du sang-froid, le mépris du danger, un certain détachement du confortable, le goût des aventures, allez, soyez marin, soldat, colon, explorateur.

Mais renseignez-vous toujours sur ce que vaut le métier que vous voulez entreprendre. Est-ce une carrière déjà encombrée? Est-ce une profession qui mettra en danger votre santé, votre honnêteté? A-t-elle pour caractère d'exploiter les vices des hommes, etc.?

Surtout n'ayez pas la *superstition du fonctionnarisme.* Dites-vous qu'en vérité la destinée du fonctionnaire, « enfermé dans un petit bureau sombre, tapissé de cartons verts », est bien médiocre, que son travail mécanique, impersonnel, est le moins intéressant de tous, et que sa vie est étroite, dépendante, peu utile. « Le charpentier grimpe dans le ciel, le cocher rôde par les rues, le mécanicien des chemins de fer traverse les bois, les plaines, les montagnes, va sans cesse des murs de la ville au large horizon bleu des mers. L'employé ne quitte point son bureau, cercueil de ce vivant (1). » Dites-vous qu'un être d'intelligence et d'énergie ne peut se satisfaire d'une tâche aussi monotone et dénuée d'initiative.

Vous n'aurez pas toujours la profession à laquelle vos goûts et vos aptitudes semblaient vous destiner. Les circonstances extérieures décideront peut-être plus que vous-même de votre carrière. N'en gémissez pas. D'abord, nos facultés ne nous désignent pas pour une spécialité étroitement déterminée. Et puis, « à toute besogne on montre ce qu'on vaut. Tel était doué pour faire bien sa tâche, quelle qu'elle soit, et eût été un homme de bien dans n'importe quelle situation. D'autres sont pareils à ces soldats dont Napoléon disait : « Habillez-les comme vous voudrez, ils « fuiront toujours. » (H. Marion.)

II. Les déformations professionnelles. — « Chaque profession a ses exigences, ses mœurs, ses usages, ses préjugés qu'on épouse presque nécessairement, qu'on ne discute bientôt plus, même quand on les a d'abord subis à contre-cœur (2). »

Il faut lutter contre ces déformations de notre individu imputables à notre profession. Il faut les traiter comme de petites infirmités guérissables et se garder aussi conforme que possible à la « normale humaine ».

L'*ouvrier* d'atelier ou d'usine luttera contre une tendance à la brutalité, à la grossièreté du langage. Il ne se croira pas obligé de suivre les camarades au café, de parler un argot de mauvais ton, de faire des plaisanteries équivoques. Il n'oubliera pas d'économiser et il cherchera à mettre dans son costume comme dans son intérieur de l'ordre et du bon goût. Pourquoi serait-il en cela moins soigneux que le petit employé qui gagne souvent moins que lui, mais a plus de souci de sa tenue et de sa maison?

L'*employé de magasin*, l'*homme de négoce* se dira qu'il n'est pas vrai que le rôle du vendeur est de tromper comme celui de l'acheteur de marchander; que le commerçant n'a pas pour unique objet d'amasser le plus possible. Il sera scrupuleux et délicat et s'efforcera de sortir de temps en temps des préoccu-

(1) Guy de Maupassant.

(2) Marion, *Solidarité morale*.

pations de lucre pour faire un effort désintéressé vers l'art ou vers la science.

La *vie de bureau* est l'ennemie de l'initiative, l'amie de la routine. Elle a sur l'activité, sur la pensée, sur la bonne humeur une influence souvent déprimante. Elle fait l'homme peu aimable à l'homme : entrez dans les bureaux d'une exploitation ou d'une administration, et voyez quel accueil sans grâce vous réservent quelques-uns de ceux que le grillage sépare de vous.

La *vie militaire* a de grands dangers; l'oisiveté forcée du temps de paix est mauvaise conseillère : elle conduit à l'apéritif, au jeu, aux lectures pernicieuses, aux spectacles dangereux. Les jeunes officiers ont aussi à se défendre contre la vanité, l'amour de la vie de luxe.

La *vie des champs*, la plus proche de la vie idéale, a pourtant ses tares : le paysan est âpre au gain, peu compatissant, dur, même aux siens, qu'il sacrifierait à sa terre ou à ses bêtes. Il y a quelque vérité dans la chanson de P. Dupont :

J'aime Jeanne ma femme, eh bien! j'aimerais mieux
La voir mourir que voir mourir mes bœufs!

Disons un mot, en bloc, de ce qu'on est convenu d'appeler les *professions libérales*, « je ne sais pourquoi, car il est étrange que le métier d'avoué ou le notariat soit une profession libérale et que l'agriculture n'en soit pas une. Les professions libérales n'ont rien de supérieur en elles-mêmes. Une profession libérale vaut exactement ce que vaut celui qui l'exerce. Un médecin médiocre, un avocat à la douzaine (nous savons par quel petit effort d'esprit on peut devenir docteur en droit), un littérateur sans talent est un homme bien moins intéressant et de bien moindre valeur sociale, je ne dis pas qu'un industriel intelligent, mais même qu'un bon fermier, un commerçant habile et loyal, un bon ouvrier d'art, un menuisier adroit, un maçon sérieux ». (J. Lemaitre.)

La *vie idéale*, dans n'importe quelle profession, est celle qui, en laissant à la vie intérieure toute sa plénitude, favorise d'autre part le développement harmonieux de toutes les forces de la nature humaine.

III. Les vertus professionnelles. — Si chaque profession a ses déformations, chacune a ses vertus propres qu'il faut aussi envisager.

L'*ouvrier* a, en général, le sens profond et le vif sentiment de la solidarité, de la fraternité. Il sait venir en aide généreusement à un autre ouvrier qui souffre. Il a l'âme simple et sincère, l'enthousiasme facile. Les belles actions, les grandes idées, les sentiments nobles le soulèvent au-dessus de lui-même.

Le *commerçant* porte son esprit d'ordre dans les affaires publiques, dans sa vie de citoyen. Il en est qui savent au besoin « perdre quelques pièces blanches par devoir », et le commerce, comme la guerre, « a ses héros qui ont sacrifié leur vie ». (RUSKIN.)

L'*officier* — celui du moins qui a choisi son métier — a la fierté, la bravoure; il a au plus haut point le sentiment de l'honneur et du devoir. Sa vanité est souvent de la dignité. Il sait que son métier consiste en réalité « non à tuer, mais à être tué ». « Notre estime pour lui est fondée sur ce fait dont nous sommes bien sûrs : si on le place sur la brèche d'une forteresse avec derrière lui tous les plaisirs du monde et devant lui, comme seule perspective, la mort et son devoir, il restera face au danger. » (RUSKIN.)

Il faut reconnaître au *bureaucrate* des qualités de ponctualité, de discipline. Il a le plus souvent des goûts modestes, le souci de sa tenue, de l'éducation de ses enfants; il aime la vie de famille.

L'*agriculteur*, à qui on reproche son défaut de sensibilité, est souvent plus dur pour lui-même que pour les autres. Avec l'endurance, il a l'énergie et la patience. Il a un solide bon sens et se laisse peu éblouir par les phrases brillantes.

Au demeurant, chaque profession a ses vertus que chacun de nous doit essayer de porter au plus haut degré.

Et puis, il est des vertus communes à tous les métiers : être ponctuel, savoir se plier à une autorité, être bienveillant pour les subordonnés, faire sa tâche avec probité en songeant qu'on travaille pour la communauté : voilà ce que chacun de nous peut faire où le sort l'a placé.

Une des grandes vertus professionnelles est l'*esprit d'initiative*, qui n'est pas autre chose que l'application de son intelligence, de sa réflexion, de son courage à chercher et à réaliser le mieux.

L'esprit d'initiative lutte contre la *routine*, qui consiste à faire obstinément ce qu'on a toujours fait sans rien améliorer, en dépensant à sa tâche le moins de pensée possible.

IV. Conclusion. — Quand vous avez choisi ou accepté une profession, remplissez-la avec courage et énergie. Ne vous lamentez pas sur le malheur de n'avoir pu parvenir à une autre; « ayez, comme dit Vauvenargues, les talents de votre état. »

Ne vous cantonnez pas dans votre métier. Sachez faire autre chose que ce que vous faites chaque jour. Un professeur qui fabrique une étagère, un orfèvre qui bêche son jardin, Victor Hugo ajustant des planches, éprouvent des joies parfaites.

Ne restez pas non plus isolé dans votre profession. Associez-vous à vos confrères. Unissez vos moyens d'action, votre intelligence, vos capitaux à ceux d'autres hommes d'énergie. Vous réaliserez, par l'*association,* ce que, seul, vous n'oseriez pas même rêver.

Questions a traiter ou a méditer. — 1. « Notre profession est pour chacun de nous un agent permanent d'éducation. » (Marion.)

2. Avez-vous déjà réfléchi à la profession que vous désirez choisir? Quelles raisons vous ont guidé dans le choix que vous avez fait?

Lectures recommandées. — Marion, *Solidarité morale* (1re partie, ch. iv). — E. About, *Le Progrès* (ch. IV, le Travail).

La Patrie

LE PATRIOTE INTELLIGENT QUI ANALYSE SON PATRIOTISME SE DONNE A LUI-MÊME UN OBJET PRESQUE INFINI D'ÉTUDE, DE MÉDITATION ET D'AMOUR. (JACOB.)

I. Nation. — Patrie. — S'il fallait distinguer les deux idées de Nation et de Patrie, on pourrait dire que la première est une notion plutôt territoriale et politique.

Une *Nation* est un ensemble d'hommes groupés dans un pays déterminé pour se défendre et se protéger.

Le mot *Patrie* exprime plutôt une idée psychologique et morale. La Patrie est la terre de nos *pères;* tous les esprits et toutes les volontés d'un peuple s'unissent dans un même sentiment d'amour pour cette terre et pour ceux qui l'habitent.

Au reste, cette distinction n'a pas été faite par Renan dans l'admirable et célèbre conférence où il analyse l'idée de patrie, sous ce titre : « *Qu'est-ce qu'une nation?* »

Ce n'est pas la *communauté de race* qui fonde la patrie. « La vérité est qu'il n'y a pas de race pure. » Notre France, en particulier, est un mélange des éléments ethnographiques les plus variés. « On n'a pas le droit d'aller par le monde tâter le crâne des gens et de leur dire : tu es de notre sang, tu m'appartiens. » (RENAN.)

Ce n'est pas non plus l'*unité géographique* — toute importante qu'elle est — qui fait la patrie. Cette idée justifierait les guerres les plus iniques. Et d'abord, « sont-ce les montagnes ou bien les rivières qui forment ces prétendues frontières naturelles? Il est incontestable que les montagnes séparent, mais les fleuves réunissent plutôt. Et puis, toutes les montagnes ne sauraient découper des États? Quelles sont celles qui bornent, et celles qui ne bornent pas?... Ce n'est pas la terre qui fait une nation : la terre fournit le champ de la lutte et du travail, l'homme fournit l'âme. »

Ce n'est pas davantage l'*unité de langue* qui fait la patrie, non plus que l'*unité de religion*. Nulle part le sentiment national n'a plus de force que chez les Suisses qui parlent quatre langues et professent encore plus de cultes.

La patrie, ce n'est ni le sang, ni le sol, ni la langue, ni le culte. C'est tout cela cependant. C'est aussi et surtout l'histoire de nos pères avec leurs triomphes joyeux et leurs défaites humiliées; avec leurs efforts, leurs sacrifices, leurs dévouements. C'est notre espoir et notre foi dans l'avenir que nous préparons.

La patrie, c'est un commun idéal auquel nous travaillons avec nos compatriotes vivants; nous l'avons reçu de nos aînés et nous le transmettrons épuré et embelli à nos successeurs.

En résumé, deux éléments constituent la patrie : l'un tout *matériel*, un territoire avec ses richesses matérielles; l'autre tout *spirituel*, un ensemble de souvenirs, de traditions, de croyances, d'œuvres scientifiques et artistiques, de grandes actions accomplies, d'espérances communes.

II. L'esprit national. — Le patriotisme. — La volonté d'être unis pour défendre et améliorer ce double capital matériel et moral, voilà le *patriotisme*.

D'instinct, nous aimons le pays où nous sommes nés, la nation à laquelle nous appartenons. Mais notre attachement à la patrie a ses racines profondes dans notre raison. Il ne faut pas craindre d'analyser notre patriotisme, de l'éclairer des lumières de l'intelligence : il ne peut qu'y gagner.

C'est un des sentiments qui contribuent le mieux à élargir l'esprit et le cœur, à les agrandir à la mesure de l'humanité.

Aimer sa patrie, c'est d'abord être résolu à défendre son indépendance, son intégrité contre l'étranger hostile qui voudrait l'asservir ou la diminuer. C'est consentir, le cas échéant, à verser pour elle jusqu'à la dernière goutte de son sang.

Ce serait mal et incomplètement aimer sa patrie que d'attendre, pour l'aimer, qu'elle soit menacée. Le patriotisme ne saurait être intermittent; le bon patriote aime son pays d'un amour continu, désintéressé et actif; tous ses actes témoignent de son patriotisme.

Il aime les hommes de son pays, ses *compatriotes* sans acception de fortune, de religion, d'opinions. Il essaye de diminuer parmi eux la part de la misère, de la souffrance, de l'ignorance. Il est tolérant, juste et bon.

L'amour de la patrie est comme une religion. « Il unit tous les éléments de culture qui s'adressent à l'intelligence, au cœur, à l'imagination. La patrie, telle que la conçoit la piété civique, est une vivante synthèse d'action et d'œuvres nobles qui donnent un sens élevé à la vie de celui qui la contemple et y participe (1). »

Enfin la religion de la patrie conduit à la religion de l'humanité. Celui qui comprend et qui aime cette fraction d'humanité, qui est sa patrie, saura mieux qu'un autre comprendre et aimer l'humanité entière.

« Nous vivons en un temps où, sous prétexte de philosophie et de progrès, quelques isolés s'attachent à remettre en question l'idée nationale.

« De telles hérésies, qui sont la négation même de l'histoire, ne pourraient se faire jour si trop de gens ne restaient ignorants des principes de notre évolution sociale. De même qu'en créant la patrie, l'humanité en marche n'a pas supprimé la famille, de même qu'elle a au contraire fortifié ces deux principes l'un par l'autre en les superposant, de même à qui de vous fera-t-on croire qu'agrandir son cœur, rêver la fraternité entre les hommes, c'est diminuer ou anéantir l'amour de son pays. » (POTTIER, Discours prononcé au congrès des Sociétés savantes, 2 avril 1910.)

QUESTIONS A TRAITER OU A MÉDITER. — 1. Comment l'étude de l'histoire peut-elle fortifier l'amour de la patrie?

2. Lire et commenter le morceau de Sully Prudhomme intitulé « Repentir ».

LECTURES RECOMMANDÉES. — F. PÉCAUT, *Quinze ans d'éducation* (Qu'est-ce qu'une nation?). — RENAN, *Discours et conférences* (Qu'est-ce qu'une nation?). — PRÉVOST-PARADOL, *La France nouvelle* (liv. III, ch. II). — VESSIOT, *De l'enseignement à l'école* (ch. XXXV, Deux grandes leçons d'histoire).

(1) JACOB, *Devoirs*.

La Patrie (Suite)

... AH ! BEAU PAYS DE FRANCE
DONT LE NOM DIT FRANCHISE ET L'HISTOIRE ESPÉRANCE !
(E. MANUEL.)

I. On peut être fier d'avoir la France pour patrie. — Une formule nous est venue d'Allemagne depuis quelques années, qui tente d'abolir le patriotisme dans un grand nombre d'âmes populaires : « Le prolétaire n'a pas de patrie(1). »

Voici comment on précise cette formule dans le raisonnement qu'on fait tenir au prolétaire : « Je ne possède ni un arpent du sol de mon pays, ni une parcelle de ses richesses... Je n'ai ni l'instruction qui m'aiderait à profiter de la science nationale, ni l'éducation qui me permettrait de jouir de son patrimoine artistique et moral. Pourquoi voulez-vous que j'aime la France, mon pays, plus qu'un autre? Pourquoi voulez-vous que j'assume de prétendus devoirs patriotiques à son égard? »

Et voici la réponse de la raison et du cœur : Vous êtes, il est vrai, pauvre et peu instruit. Votre culture artistique et morale est médiocre. Pourtant, *vous êtes bien un fils de la France.* Vous l'êtes par toutes les fibres de votre individu et vous ne sauriez sans injustice renier votre mère.

Vous êtes Français d'abord par cette langue — si bien appelée maternelle — que vous balbutiez, sans doute, mais que vous comprenez si bien et sentez si entièrement vôtre, quand elle vous est parlée par un Corneille ou un Molière, un Voltaire ou un Victor Hugo.

Vous êtes Français par votre caractère, qui ne saurait se confondre avec celui de l'Italien ou du Teuton. N'êtes-vous pas sociable et communicatif, désireux de plaire et prompt à la sympathie? N'avez-vous pas la générosité avec le courage, ces vertus si françaises? N'avez-vous pas l'insouciance, l'esprit critique et moqueur, ces défauts si français aussi?

Vous êtes Français par votre labeur de chaque jour, par tout ce que vous produisez d'utile, qui a sa place dans la richesse

(1) Karl MARX (1818-1883).

nationale, sur quoi vous mettez la marque de votre goût et de votre caractère.

Vous êtes Français par le pain quotidien que vous consommez et que vous payez; vous l'êtes par les modiques contributions que vous versez au Trésor public. Tout pauvre que vous êtes, vous n'êtes donc point un facteur négligeable dans la vie économique de votre pays.

Vous êtes Français même par cette culture que vous jugez si insuffisante, et qui l'est en effet, mais que les autres patries ne peuvent donner encore à leurs prolétaires. Se trouver incomplet, n'est-ce pas déjà un progrès et une marque de supériorité?

Aussi la patrie française vous fait confiance: elle vous donne le droit de participer à sa destinée par votre bulletin de vote. Elle croit qu'ainsi, par une suite de progrès, vous serez les artisans d'une vie meilleure et plus haute pour les travailleurs qui viendront après vous. — Vous-mêmes, n'êtes-vous pas redevables du peu que vous êtes aux générations de Français qui dorment dans les cimetières?

Vous avez beau être le plus humble de ses enfants, la France vous réclame. Votre sort est étroitement uni à sa grandeur et à sa prospérité. Vous êtes l'héritier des Français du passé, vous devez être le collaborateur des Français d'aujourd'hui, la providence des Français de demain. C'est pourquoi aussi, sachant toutes ces choses, vous aimerez la France plus qu'un autre pays, vous accourrez à son secours si elle a besoin de votre bras pour la défendre et vous travaillerez pendant toute votre vie à l'idéal qu'elle propose à ses enfants.

Cet idéal, le voici, exprimé par un philosophe moderne d'esprit très libre : « L'idéal français est un idéal de *raison* et de *justice*. La France est le pays de la lumière, la terre des arts, la terre de tolérance et de justice. Elle est cela, elle doit l'être. — La vraie devise de la France, qui fut celle de la Révolution, est celle-ci :

« Pour l'humanité par la Patrie (1). »

II. Les devoirs patriotiques. — Jeunes gens ou jeunes filles, hommes ou femmes, tous ont des devoirs envers la patrie.

Le premier, c'est de remplir scrupuleusement toutes nos

(1) Rauh, *Psychologie*.

obligations professionnelles. Ouvrier ou laboureur, commerçant ou fonctionnaire, savant ou artiste, tous contribuent à la prospérité et à la gloire du pays. « La Patrie vit du concours et du travail de tous ses enfants et, dans le mécanisme de la société, il n'y a point de ressort inutile. » (JOUFFROY.)

La patrie réclame des devoirs spéciaux, c'est le *service militaire.* Tout Français doit faire l'apprentissage du métier de soldat; c'est une indispensable école de patriotisme et une bienfaisante école de discipline sociale.

La France ne souhaite pas la guerre; tous les Français le savent bien. Et les étrangers qui affectent de croire qu'elle est une nation belliqueuse, nous ignorent ou sont de mauvaise foi.

Les bons Français rêvent pour leur pays une gloire plus pure que la gloire des conquêtes sanglantes : « Luttons, disent-ils avec Pasteur, luttons dans le champ pacifique de la science et de l'art pour la prééminence de notre patrie. »

C'est par là que le patriotisme français est le plus haut et le plus désintéressé : non seulement il n'a rien d'offensif; il croit d'une foi sincère que la guerre n'est ni nécessaire ni éternelle; mais il croit aussi que le jour viendra où les idées de paix, de justice, de concorde auront fait la conquête du monde.

La France ne souhaite pas la guerre. Elle la regarde comme une grande calamité, mais elle sait qu'il y a une calamité pire : c'est l'acceptation passive de l'esclavage, la vie sans dignité et sans liberté sous le joug d'un conquérant plus fort et injuste. Voilà pourquoi la France reste armée : elle ne veut pas ressembler au naïf hérisson qui enleva tous ses piquants afin de ne pas nuire aux autres animaux et qui fut dévoré sans pitié quand on le vit sans défense.

Elle voit tous les peuples de l'Europe se passionner pour leur nationalité et resserrer les liens patriotiques; elle entend par-dessus les frontières des cris de haine et de provocation, et elle médite la leçon du philosophe pacifiste allemand : « Jusqu'au moment suprême de la constitution des États-Unis d'Europe, que chaque peuple ait la main sur la garde de son épée; autrement il pourrait disparaître avant le grand jour. » (KANT.)

Il faut donc regarder le *service militaire* comme un devoir et un honneur.

Tous les Français y sont astreints. C'est une honte pour un jeune garçon, qui a de la santé, de chercher à se faire exempter et c'est pour lui bien lâchement débuter dans la vie d'homme.

Phot. Braun, Clément et Cie.

LES CONSCRITS, TABLEAU
DE DAGNAN-BOUVERET.

Le bon soldat est discipliné, ce qui ne signifie pas qu'il ne fait point usage de son intelligence.

La discipline militaire n'est pas seulement obéissance passive : elle est en même temps intelligence et dévouement. C'est une « initiative obéissante ». (Boutroux.)

Faites votre service avec bonne humeur, de tout votre cœur et de toute votre conscience. Que la vie de caserne ne soit pas pour vous une souffrance que vous n'acceptez qu'en récriminant. N'en faites pas non plus une vie pénible pour de moins adroits ou de moins instruits que vous. N'oubliez pas que vos camarades sont des « frères d'armes ».

Portez à la « chambrée » vos bonnes habitudes d'hygiène, de tenue, de langage; cela ne vous empêchera pas de saisir toutes les occasions de gaieté et de mettre dans vos années de régiment tant d'entrain et de bonne confraternité que vous en garderez toujours le souvenir heureux.

III. Conclusion. — La famille et la patrie sont des écoles de fraternité, d'humanité, qui nous préparent à aimer tous nos semblables. Défiez-vous de ceux qui aiment tant la grande Humanité qu'ils ne sauraient aimer la trop petite France.

Questions a traiter ou a méditer. — 1. Trouvez-vous juste ce mot de Voltaire : « L'amour de la patrie, c'est la haine de la patrie des autres? »

2. Regardez attentivement la *Semeuse*, que Roty a gravée sur nos monnaies. Décrivez-la et dites comment elle symbolise le rôle de la France dans le monde.

Lectures recommandées. — Jacob, *Devoirs* (ch. XV). — Jusserand, *Discours prononcé à la Nouvelle-Orléans, le 10 décembre 1903.*

L'État et les lois

LA LOI EST L'EXPRESSION DE LA VOLONTÉ GÉNÉRALE... ELLE DOIT ÊTRE LA MÊME POUR TOUS. (DÉCLARATION DES DROITS DE L'HOMME.)

I. Définition de l'État. — L'*État*, c'est la nation organisée pour se gouverner au dedans, se défendre au dehors.

C'est l'autorité suprême et la personnification juridique de la *nation*.

L'autorité de l'État porte le nom de *souveraineté*.

La souveraineté peut exister en dehors et au-dessus des individus. Elle peut appartenir à un seul, à une partie ou à la totalité des individus.

Les États modernes sont généralement régis par un ensemble de règles qui déterminent les principes de leur organisation et qu'on appelle *constitution*.

En France, le principe de la souveraineté du peuple a été proclamé en 1789. Il est entré définitivement dans la pratique par la Constitution de 1875, qui donne à la nation tout entière le droit de diriger sa destinée.

Le peuple délègue des représentants (députés, sénateurs, ministres, président de la République) qui exercent l'autorité en son nom.

Avant 1789, le roi seul était souverain. « L'État, c'est moi, » pouvait dire Louis XIV. « L'État, c'est nous tous, » peuvent dire aujourd'hui les citoyens.

On donne le nom de *gouvernement* à l'État considéré comme exerçant la triple fonction de faire les lois (pouvoir législatif), de les faire passer dans la pratique (pouvoir exécutif), d'obliger tous les citoyens à les respecter (pouvoir judiciaire).

II. Nécessité et rôle de l'État. — Il est nécessaire qu'il y ait une autorité supérieure aux volontés individuelles.

L'*anarchie*, ou absence de gouvernement, est la doctrine qui demande la suppression de l'État. On imagine aisément les risques que courrait une société où nulle obligation ne serait imposée du dehors aux individus, où nulle autorité ne ferait respecter le droit d'autrui, où chacun se ferait justice lui-même. Le désordre, le déchaînement des instincts inférieurs, l'écrasement des faibles par les forts, le triomphe des hommes sans scrupules, la destruction de toute civilisation, la ramèneraient à la barbarie.

Il y a, parmi les anarchistes, des rêveurs naïfs et fraternels, d'autant plus dangereux qu'ils ont plus d'illusions sur les sentiments d'équité et de fraternité des autres. L'ère de liberté qu'ils rêvent ne saurait s'ouvrir tant qu'il y aura encore sur la terre ne fût-ce qu'une minorité d'hommes égoïstes, paresseux, brutaux, alcooliques, menteurs, intolérants, ambitieux.

En attendant, nous avons besoin pour vivre, pour nous développer, de la sécurité que des *lois* protectrices assurent au lendemain.

Le rôle de l'État est de faire ces lois et, dans un État républicain, tous les citoyens concourent à la confection des lois.

Il entre aussi dans le rôle de l'État de faire respecter les lois et de protéger les citoyens contre l'arbitraire et l'injustice.

III. Les lois. — Les lois sont des règlements institués pour assurer l'ordre et la prospérité de l'État.

Les lois sont faites par l'État, mais elles le dépassent en ce qu'elles sont fondées sur la *justice :* « Ce n'est pas parce qu'il y a des lois que la vie et la propriété doivent être respectées, mais parce que la vie et la propriété ont leur valeur propre que les lois doivent les protéger (1). »

Il y a deux sortes de lois : les *lois politiques,* qui règlent les rapports des citoyens et de l'État (Constitution); les *lois civiles,* contenues dans les *codes,* qui règlent les rapports des citoyens entre eux.

Les lois participent des imperfections de ceux qui les font. Le devoir de tout citoyen est de travailler, par sa réflexion, par sa parole, par ses actions, à les améliorer toujours, à les rendre de plus en plus conformes à la justice.

Cela ne signifie pas que nous avons le droit de transgresser une loi, même si nous la jugeons injuste. La loi est la loi, et notre respect pour elle doit être absolu tant qu'elle n'est pas abrogée. Dans un pays où tout le monde contribue à la confection des lois, toute atteinte à l'autorité de la loi amoindrit l'autorité et diminue la sécurité de chacun.

(1) Chatel, *Lectures morales.*

L'admirable exemple de Socrate, refusant de fuir et buvant la ciguë pour obéir aux lois de son pays, se dresse devant nous depuis des siècles comme la plus belle leçon de civisme et de patriotisme.

IV. Diverses formes de gouvernement. — Toutes les formes de gouvernement peuvent se ramener à trois principales :

1° Nous ne parlerons que pour mémoire du *despotisme,* qui est en train de disparaître des pays civilisés. Le seul despote a tous les pouvoirs ; les sujets n'ont aucune liberté. Des châtiments épouvantables sont infligés aux rebelles, aux novateurs. La Rome de Néron, la France au temps des rois absolus, la Russie, jusqu'aux essais actuels de représentation nationale, ont connu le despotisme.

2° L'*aristocratie* ou gouvernement d'une classe privilégiée. C'est surtout la classe militaire, les nobles, parfois le clergé, quelquefois les riches qui détiennent le pouvoir. Venise, au moyen âge, a été gouvernée par l'aristocratie (oligarchie). Dans un pareil gouvernement, les maîtres, peu nombreux, sont trop puissants. L'*arbitraire* est le trait caractéristique de l'aristocratie. Les privilégiés oppriment et exploitent souvent les sujets pour satisfaire leur vanité et leur intérêt.

3° Dans la *démocratie* le pouvoir appartient au peuple ou à ses représentants. C'est la forme de gouvernement vers laquelle s'acheminent actuellement les nations. Déjà les monarchies modernes ont presque toutes la *forme parlementaire :* les lois sont discutées et votées par les représentants de la nation.

La perfection de la démocratie, c'est la *République :* la nation possède le pouvoir tout entier qu'elle exerce par l'intermédiaire de ses délégués.

QUESTIONS A TRAITER OU A MÉDITER. — 1. Pourquoi célébrons-nous, en France, l'anniversaire de la prise de la Bastille?

2. Que faut-il entendre par cette expression : « la souveraineté nationale? »

LECTURES RECOMMANDÉES. — PLATON, *Mort de Socrate* (Criton), traduction Fouillée (Delagrave). — MONTESQUIEU, *L'Esprit des lois* (ch. III et VIII).

Le Gouvernement républicain

JE SUIS EN RÉPUBLIQUE ET POUR ROI J'AI MOI-MÊME.
(V. HUGO.)

UN PEUPLE A LE GOUVERNEMENT QU'IL MÉRITE.

I. Supériorité de la forme républicaine. — Il est indéniable que, du point de vue moral, *la république* est le gouvernement le plus légitime et le plus parfait, parce qu'elle est le gouvernement de la nation par elle-même.

La supériorité du régime républicain tient à ce qu'il repose sur un fondement moral très élevé. Il assure à tous la liberté et élève chaque citoyen à la dignité de gouvernant.

C'est le régime de la *dignité personnelle :* il suppose qu'un citoyen appelé à gouverner la vie sociale sait se gouverner lui-même.

C'est le régime de l'*égalité* et de la *justice :* la nation obéit à des chefs qu'elle a élus, à des lois qu'elle a faites; tous les citoyens sont égaux devant ces lois et nul ne peut impunément entreprendre sur les droits d'un autre.

L'*élection* est le trait caractéristique du régime républicain. « Il y a un jour dans l'année où le gagne-petit, le journalier, le manœuvre, l'homme qui traîne les fardeaux, l'homme qui casse des pierres au bord des routes, prend dans sa main durcie par le travail le Sénat, les ministres, le président de la République et dit : « la puissance, c'est moi »; un jour où le plus faible sent en lui la grandeur de la souveraineté nationale! Quel accroissement de dignité pour l'homme et, par conséquent, de moralité! » (V. Hugo.)

Tels sont les caractères d'un gouvernement républicain idéal, de celui qui met en pratique la devise inscrite au front de ses édifices : *Liberté, Égalité, Fraternité.*

II. L'élite dans la démocratie. — Dans une nation démocratique le mot *égalité* ne signifie pas nivellement.

Tous ont les mêmes droits, la même possibilité d'être admis aux emplois, la même liberté. Mais il ne suit pas de là qu'ils puissent tous atteindre aux mêmes dignités sociales, pas plus qu'au même niveau intellectuel ou à la même perfection morale.

Il y aura toujours des tempéraments plus vigoureux, des intelligences mieux douées, des caractères mieux trempés, des âmes plus hautes qui s'imposeront à la masse : agriculteurs, commerçants, industriels, d'initiative et d'énergie; hommes politiques, aux vues larges, au patriotisme ardent et désintéressé; savants, chercheurs de vérité et de progrès, ce sont ceux-là qui forment l'élite. Et le peuple républicain ne mérite son gouvernement que le jour où il sait discerner ces supériorités et s'incliner devant elles.

Tant que le suffrage universel ne fera pas triompher ces *valeurs sociales,* il prouvera que son éducation n'est pas encore faite.

III. Dangers de la démocratie. — Il ne faut pas craindre d'éclairer les citoyens d'une république sur les périls graves que peut courir ce mode de gouvernement.

En voici quelques-uns :

1° Erreurs possibles du suffrage universel. Le suffrage universel est une conquête de grand prix. Mais ce n'est pas une conquête faite une fois pour toutes : il la faut garder et entretenir. Tant qu'un peuple n'est ni assez instruit, ni assez raisonnable, le *suffrage universel* est pour lui une arme dangereuse. C'est le suffrage universel qui, aveugle et sourd, remit les destinées de la France entre les mains de Louis-Napoléon Bonaparte. On sait par quel crime ce président de la République établit l'empire et comment le suffrage universel ratifia ce crime.

Le suffrage universel a à se défendre contre la scandaleuse influence de l'argent, contre les haines ou les sympathies locales souvent injustifiées, contre les sophismes des ambitieux qui le sollicitent, etc.

2° « L'envie, mal des démocraties (1). » Un grave défaut de notre démocratie, c'est l'envie.

« Dès qu'un homme, par son talent, par son énergie s'élève, au lieu de le soutenir de notre sympathie et de nous réjouir qu'une nouvelle force soit acquise au pays, nous le dénigrons et le jalousons. C'est ainsi que nous avons désespéré Gambetta et Jules Ferry et tant d'autres. »

(1) C'est le titre d'un éloquent paragraphe du *Cours de morale* de M. J. PAYOT.

Respecter cette élite de citoyens ne signifie pas « abdiquer notre liberté de critique », mais essayer de voir clair, de juger exactement; et, quand nous avons reconnu leur valeur, ne pas refréner en nous les mouvements de l'enthousiasme et la confiance.

3° *L'affaiblissement de l'autorité.* Dans un pays où tout le monde gouverne, la discipline est difficile à établir. Il semble légitime à quelques-uns de désobéir à un pouvoir qu'ils ont fait eux-mêmes et qu'ils peuvent défaire. Parmi ceux qui devraient exiger le respect de la loi et de la justice, les uns n'osent pas sévir, de crainte d'être désavoués de leurs chefs; les autres n'osent pas agir, de peur de mécontenter leurs électeurs. Voilà pourquoi, par exemple, la loi sur l'obligation scolaire n'est pas appliquée, pourquoi le privilège des bouilleurs de cru n'est pas aboli.

4° *L'esprit de parti.* Autre plaie des démocraties; nulle passion n'est plus violente et plus implacable. Un homme qui se lie à un parti en devient trop souvent l'esclave. Il n'a plus ni calme, ni liberté de jugement; il renonce à toute indépendance morale. Les principes s'obscurcissent à ses yeux; il ne voit plus que le triomphe de son parti, qu'il obtiendra, s'il le faut, au prix du mensonge et de l'injustice.

« Lorsque j'étais jeune, dit Channing, j'étais habitué à entendre prononcer avec horreur, presque avec exécration, les noms d'hommes qui sont maintenant salués par leurs anciens ennemis comme les champions des grands principes et comme dignes des plus hautes charges publiques; cette leçon que j'ai reçue dans ma jeunesse, je ne l'oublierai jamais. »

5° *L'indifférence.* Le raisonnement des indifférents est souvent celui-ci : A quoi bon s'occuper de politique? Tous les candidats se valent : promesses avant l'élection, oubli et ingratitude après. Ce n'est pas la peine de changer de gouvernement. Ce sont toujours les mêmes qui pâtissent. — Il y a là un vice de raisonnement. Au fond, les citoyens qui parlent ainsi préfèrent leur quiétude aux tracas de la vie politique; ils reculent devant les responsabilités.

Nul citoyen d'une démocratie n'a le droit de se désintéresser de la chose publique. C'est la laisser à la merci des ambitieux, des intrigants, des hommes de passion.

L'indifférence se manifeste soit par le refus d'accepter un mandat, soit par l'abstention dans le vote. Il ne faut pas plus négliger de porter son billet de vote dans l'urne qu'il ne faut se récuser devant des fonctions électives, quand on est capable de les remplir.

IV. Conclusion. — Nous ne saurions rien trouver de meilleur pour terminer cette leçon sur le *gouvernement républicain* que les simples et fortes paroles écrites, il y a plus d'un siècle et demi, par Montesquieu. Le citoyen d'une démocratie ne saurait trop les méditer : « Dans un État populaire, le ressort indispensable est la *vertu*... La vertu dans une république est une chose très simple : c'est l'amour de la république... Le dernier homme de l'État peut avoir ce sentiment comme le premier. On peut définir cette vertu, l'*amour des lois et de la patrie.* Cet amour, demandant une *préférence continuelle de l'intérêt public au sien propre,* donne toutes les vertus particulières... Dans les démocraties, le gouvernement est confié à chaque citoyen. Or, le gouvernement est comme toutes les choses du monde : pour le conserver, il faut l'aimer... Tout dépend donc d'établir dans la république cet amour. »

QUESTIONS A TRAITER OU À MÉDITER. — 1. Étudiez les dangers que font courir à une démocratie l'« arrivisme » et le « favoritisme ».

2. « Tout aboutit à l'urne et tout en découle. » (J. STEEG.)

LECTURES RECOMMANDÉES. — R. PÉRIÉ, *L'École du citoyen* (Morale civique, ch. V à VII). — J. PAYOT, *Cours de morale* (le Citoyen, §§ 145 à 153).

Fonctions de l'État

L'ÉTAT EST FAIT POUR LES CITOYENS.
LA PEINE DOIT ÊTRE UTILE ET RÉPARATRICE.
(H. MARION.)

L'État a deux sortes de fonctions à remplir : les fonctions de *protection*, les fonctions de *répression*.

I. Les fonctions de protection. — Il est difficile à l'État d'organiser la vie sociale en donnant satisfaction à tous les intérêts; il lui est difficile de gouverner et de protéger sans restreindre.

Le grand problème actuel est de préciser le rôle protecteur de l'État.

L'État sera-t-il *individualiste*, c'est-à-dire sera-t-il le simple gardien de l'ordre public, de la vie et des biens des individus, sans jamais intervenir dans la concurrence économique, sans aider les faibles, sans imposer des limites aux puissants?

Sera-t-il *collectiviste*, c'est-à-dire seul maître de la terre, des outils agricoles, des machines industrielles, distribuant et réglant la part de travail et de rémunération de chacun?

Sera-t-il *socialiste*, c'est-à-dire interviendra-t-il dans les relations sociales en vue de redresser les injustices, de prendre les mesures nécessaires pour assurer aux prolétaires les meilleures conditions possibles de travail, de gain, de bien-être, de sécurité?

Poser ces questions — même en ces termes insuffisants et simplifiés — c'est déjà en indiquer les complexités.

Les transformations sociales ne peuvent qu'être lentes; elles suivent de loin le progrès des idées, et les impatients leur sont aussi ennemis que les routiniers.

Déjà l'État actuel a senti la nécessité sociale et morale de ne pas abandonner le travailleur au jeu des lois économiques. Il lui donne aide et protection (voir page 108). Il a compris le devoir d'assister les indigents, de soulager les malades et les infirmes, de recueillir les enfants abandonnés, de réparer en quelque mesure les injustices sociales et de corriger les inégalités naturelles.

Il est d'autres fonctions de protection que l'État a depuis longtemps comprises et assumées : ce sont celles qui ont pour objet la *sécurité* et la *prospérité* de la nation. Entretenir une armée, une marine, construire des forts et des vaisseaux; creuser des canaux, des ports, tracer des routes; donner l'instruction, favoriser le développement intellectuel et moral des citoyens, voilà autant de charges que l'État a su déjà s'imposer.

Mais si l'État se substitue à l'individu ou aux libres associations d'individus, s'il devient *patron, chef d'industrie*, ne risque-t-il pas d'affaiblir les initiatives privées, de diminuer ainsi la vitalité nationale? Il est bon de se poser la question.

En définitive, c'est l'*intérêt général* qui paraît devoir décider des fonctions que remplira l'État. La formule qui devrait exprimer le rôle respectif de l'*État* et des *citoyens* est celle-ci : que les particuliers entreprennent tout ce que l'État ferait moins bien qu'eux; que l'État prenne à son compte ce que les particuliers ne sauraient faire aussi bien que lui.

II. Les fonctions de répression. — Chaque État est tenu d'organiser la répression des crimes contre la sécurité des citoyens.

Autrefois, la société était cruelle aux crimes tentés contre elle. Ses punitions étaient d'impitoyables vengeances. On ne peut lire sans frissonner d'horreur le récit des tortures que les juges-bourreaux infligeaient aux accusés et aux coupables.

...Sous leur main,
L'os, le muscle et l'ongle et le cheveu frémissaient...
(V. Hugo.)

A présent, la société cherche surtout à se *préserver* : elle inspire la *crainte* au coupable pour éviter qu'il récidive et elle fait de sa punition un *exemple* pour qui serait tenter de l'imiter.

Elle va même plus loin : maintenant que la préoccupation morale est entrée dans l'âme collective, elle tente d'*amender les criminels* et de les ramener au bien.

Il y a deux côtés à envisager dans un crime : d'une part, le danger couru par la société, d'autre part le criminel lui-même.

C'est le plus ou moins de danger couru par la société qui

a fait graduer les pénalités. On punit moins sévèrement une *contravention* qu'un *délit*, un *délit* qu'un *crime*.

Mais il serait suprêmement injuste de condamner à une peine identique tous les coupables de fautes identiques : celui qui vole un pain pour le revendre et boire les quelques sous qu'il en tire est plus coupable que celui qui vole un pain parce que ses enfants ont faim.

III. Les causes du crime. — L'un des moyens efficaces de réduire le nombre des crimes est, à coup sûr, d'en connaître les causes et de travailler à les diminuer. Que de pensées criminelles on pourrait ainsi étouffer avant leur éclosion!

Nous avons déjà dénoncé l'*alcoolisme* (pages 50 et suiv.), cause de tant de crimes passionnels, père des dégénérés, des candidats à la folie, des tempéraments morbides aux instincts pervertis, auteurs de crimes si variés, hélas! (1).

Nous avons dit un mot des *rigueurs de la loi sur l'apprentissage*, qui laisse tant de jeunes bras sans métier, tant de jeunes existences sans règle. Ce sont les *sans-métier* qui font les vagabonds, les alcooliques; c'est dans ces âmes vides que se développent la paresse, la vanité, l'orgueil démesuré, traits caractéristiques de tant de criminels.

Dénonçons aussi l'*ignorance*. Combien d'enfants, que six années de scolarité auraient faits honnêtes, sont devenus criminels parce qu'ils n'ont jamais été en classe! Nés dans un milieu vicieux, ils ont toujours entendu vanter l'audace et l'habileté des voleurs, et n'ont d'autre idéal que de vivre le plus adroitement possible aux dépens de la société.

La *misère* est aussi conseillère de crimes. Quelle tentation pour celui qui a faim et froid que les somptueux étalages des magasins de luxe! Quelle idée peut-il se faire de la justice quand il voit briller aux oreilles d'une femme élégante de quoi donner du pain à lui et aux siens pendant des années!

Indiquons enfin la *contagion dans les établissements pénitentiaires*. Quand, après un premier méfait, un jeune coupable se trouve en contact avec des malfaiteurs endurcis, il est perdu à tout jamais.

---

(1) On a calculé que sur 100 individus condamnés pour assassinats il y avait en moyenne 53 alcooliques; sur 100 incendiaires, 57 alcooliques; sur 100 individus condamnés pour coups et blessures, 90 alcooliques. (A. Bayet.)

IV. La société et les criminels. — Il ne faut pas se laisser égarer par une fausse sentimentalité qui va jusqu'à préférer les « malheureux coupables » aux malheureux tout simplement.

Certes, bien des criminels méritent pitié et sympathie. Mais il ne faut pas disperser notre cœur sur tous indistinctement.

On peut séparer, avec M. Lapie, les *criminels d'occasion* des *criminels d'habitude*(1). Il est rare que les premiers résistent aux efforts qu'on tente pour les améliorer. Au lieu de les entasser pêle-mêle avec des criminels d'habitude, il serait bon, selon M. Lapie, de les placer dans un milieu honnête, dans un pays où le souvenir de leur faute ne les poursuivrait pas. Là, ils reprendraient racine sur un sol de bonne qualité et ne risqueraient plus guère de retomber dans la faute.

Pour tous, il est nécessaire de *transformer le régime pénitentiaire*. « La société manquera à son devoir tant qu'on sortira de prison aussi vicié qu'on y est entré(2). »

La société — et ici la société c'est chacun de nous — doit aussi aider les libérés qui regrettent leurs fautes passées, à se refaire une existence honnête. Ayons le courage d'accepter chez nous comme ouvriers, comme employés, comme serviteurs, des condamnés qui nous paraissent déterminés à se réhabiliter par le travail.

Il existe des *patronages pour les jeunes libérés* qui ont donné d'excellents résultats.

Pourquoi, enfin, tant d'hommes, tant de femmes, qui ne savent comment occuper leurs loisirs, ne seraient-ils pas admis à visiter les prisonniers? Pourquoi ne leur enseigneraient-ils pas le moyen de trouver dans un travail honorable une source de paix et de joie? Pourquoi cette tâche d'amélioration ne serait-elle pas en partie confiée à nos magistrats?

Notre conclusion sur l'action répressive de l'État est celle de M. Lapie : « La peine n'est expiatoire, répressive et réparatrice que si elle est moralisante. »

« La pratique indique qu'il n'y a presque pas de criminels qui n'aient déjà subi une ou deux condamnations pour délit. Le raisonnement conduit à cette conséquence que peut-être le délinquant ne serait pas devenu criminel si, dès le principe, il n'avait

(1) *Bulletin de l'Union pour l'action morale* (1er mars 1899).

(2) A. Bayet, *Cours de morale*.

été frappé si facilement d'une condamnation qu'il importerait d'éviter à tout prix...

« Au lieu de condamner des enfants à la correction à temps, au lieu de les familiariser avec la vie de prison, il faudrait une décision qui ne fût nullement pénale. Qu'on les change de milieu, qu'on les éloigne des trop grands centres, que l'on crée pour eux des internats régionaux tenant des écoles primaires et des écoles professionnelles et où les exercices du corps aient une grande place. On ne dépensera pas beaucoup plus d'argent que pour les élever en prison, et l'on aura des jeunes gens moins dépravés que ceux qui, une fois entrés dans l'engrenage des prisons, sont incapables d'en sortir, faute de moyens d'aucune sorte... » (M. PEYROL. *Bulletin de l'Union pour l'action morale*, 15 juillet 1902.)

QUESTIONS A TRAITER OU A MÉDITER. — 1. Quels sont nos devoirs envers les criminels?

2. On demandait à un Suédois si le soin des enfants recueillis dans les rues n'était pas très coûteux : « Oui, dit-il, c'est *coûteux*, mais pas *cher*. Nous autres, Suédois, nous ne sommes pas assez riches pour laisser un enfant grandir dans l'ignorance, la misère et le crime, et devenir ainsi un fléau pour la société, une honte pour lui-même. »

LECTURES RECOMMANDÉES. — *Bulletin de l'Union pour l'action morale* (1er mars 1899, 1er et 15 juillet 1902). — V. HUGO, *L'Année terrible* (A qui la faute [juin, VIII]).

Le Citoyen

TANT VAUT LE CITOYEN, TANT VAUT LA NATION.

L'État, nous l'avons vu, est fait pour les gouvernés. Il a non seulement le devoir de ne pas opprimer l'individu, mais encore la mission de le protéger dans l'exercice de ses *droits*. Le citoyen a, en effet, des « droits naturels, inaliénables, imprescriptibles ».

Il est bon de les préciser et d'en instruire tous les citoyens, pour éviter au gouvernement la tentation d'abuser de son pouvoir, pour donner au citoyen pleine conscience de sa dignité et le préparer à mieux remplir ses devoirs : la liberté crée la responsabilité et impose des devoirs d'autant plus absolus.

Le citoyen doit naturellement collaborer au maintien de l'ordre établi et dont il profite.

Les représentants du peuple français, en 1789, avaient bien compris que « l'ignorance, l'oubli et le mépris des droits de l'homme, sont les seules causes des malheurs publics et de la corruption des gouvernements ».

La Déclaration de 1789 a posé le principe des droits essentiels du citoyen (droit d'agir, de parler, d'écrire, droit de participer au gouvernement de son pays, etc.). Des conditions nouvelles de vie politique, sociale, économique, la font considérer actuellement comme incomplète : des droits nouveaux ont été reconnus aux citoyens (droits de réunion, d'association, de grève); quelques autres droits sont demandés, qui peut-être un jour seront fixés dans des textes législatifs (droit à l'instruction intégrale, par exemple).

I. Principaux droits du citoyen. — 1° Droit de vivre en sécurité. Liberté individuelle. Le citoyen a le droit de jouir de sa vie. Il n'est plus esclave dépendant du bon plaisir d'un maître, il n'est plus serf attaché à la terre et vendu avec elle ; il est libre d'aller et venir, de travailler selon ses goûts, ses moyens, d'après un contrat qu'il discute. Il a le droit de n'être ni inquiété, ni emprisonné, sauf dans des cas déterminés par la loi (folie, criminalité).

2° Liberté de conscience et ses corollaires. Sans doute l'homme, même quand sa vie, son travail dépendaient absolument d'un maître, a toujours été libre de sa pensée intérieure; un esclave enchaîné pouvait se dire aussi libre que son maître et bourreau. Mais ce n'est que depuis 1789 que le droit d'exprimer sa pensée philosophique, religieuse, a été légalement reconnu à l'homme.

Le citoyen français est non seulement libre de choisir sa religion, libre de n'en point avoir, mais encore il est — sous certaines conditions légales et légitimes — libre de pratiquer ouvertement son culte et libre de communiquer ses opinions par la parole ou par la plume.

Toute opinion, à la condition d'être sincère et réfléchie, est respectable, et la communication, la rencontre d'opinions différentes dans une libre discussion, peuvent être bienfaisantes et contribuer au progrès social.

Toutefois, liberté n'est pas licence. La loi, expression de la volonté nationale et protectrice des droits de l'individu, a le droit d'empêcher les abus préjudiciables à un seul citoyen, à la collectivité tout entière; elle peut s'opposer à la propagation d'idées, de théories dangereuses pour l'intégrité, la prospérité du pays, pour la moralité et la tranquillité des citoyens. C'est au nom même de la sécurité du groupe que certains écrivains publicistes sont condamnés, emprisonnés même, pour ce qu'on appelle des « délits d'opinion ».

3° Liberté du travail. Il ne suffit pas de reconnaître au citoyen le droit à la vie, le droit à la pensée libre; il faut encore lui en assurer les conditions par le libre exercice de son activité naturelle. Le travail est, en effet, une des conditions de sa vie matérielle et du maintien ou de l'accroissement de sa dignité personnelle.

La Révolution a supprimé les corporations, obstacles trop souvent infranchissables à la liberté du travail.

Mais l'exercice de ce droit se heurte à des conditions complexes : la *concurrence* faite par des capitalistes est souvent mortelle aux petites entreprises; le travailleur isolé, sans mise de fonds, ne dispose pas des mêmes facilités d'achat et de transport; il n'a pas d'aussi larges débouchés pour son commerce que le grand industriel. Son droit au travail apparaît comme fictif. Dans quelle mesure, et sous quelle forme, l'État peut-il, doit-il intervenir?

En attendant que la question soit équitablement tranchée, il est juste d'accorder aux travailleurs le *droit de se grouper* pour la défense de leurs intérêts professionnels (syndicats ouvriers); le *droit de faire grève*, quand les conditions de travail leur semblent défectueuses.

La loi laisse donc aux travailleurs la possibilité de réagir contre les abus de l'autorité patronale par des moyens pacifiques et réguliers, mais elle punit la violence, l'attentat clandestin contre l'outillage ou les matières premières appartenant au patron.

Il n'y a rien de plus immoral que la destruction des instruments de travail, ce qu'on appelle aujourd'hui le *sabotage*.

Elle n'admet pas la contrainte exercée par les ouvriers sur leurs camarades. Le droit d'un seul ouvrier au travail est aussi respectable que le droit de mille ouvriers à la grève, a-t-on dit.

4° Droit à l'instruction. L'instruction, si elle n'est pas « la clef qui ouvre toutes les portes », est un capital-outil qui permet au travailleur de tirer le meilleur parti possible de ses forces et ressources naturelles. Elle profite indirectement à la société, dont elle augmente la valeur économique, sans compter qu'elle est souvent un moyen efficace d'éducation et de moralisation. Pour toutes ces raisons, des philosophes, des pédagogues, des sociologues, des économistes, demandent qu'elle soit départie à tous sous la forme d'enseignement primaire élémentaire (application des lois scolaires de 1882), que l'école soit prolongée au delà de treize ans, que des cours professionnels obligatoires soient établis pour les apprentis; certains penseurs souhaitent même qu'elle soit plus largement distribuée à chaque enfant (enseignement intégral).

Ce sont là des vœux qui peut-être un jour seront des faits; en attendant, reconnaissons qu'en vingt-cinq ans l'instruction du peuple a fait de notables progrès, qu'elle a procuré à bon nombre d'entre nous un gagne-pain honorable, amélioré la situation matérielle, morale, des travailleurs.

5° Droit de participer aux affaires publiques. Enfin, le citoyen a un certain nombre de droits, conséquence de sa liberté politique, contre-partie rationnelle de son devoir d'obéissance aux lois.

Tout Français jouissant de ses droits civils et politiques « est dauphin de France », a-t-on pu dire; tout électeur, par la vertu de son bulletin de vote, gouverne son pays; directement ou par l'intermédiaire de ses représentants, il fait ou modifie les lois, vote l'impôt, surveille les administrations chargées des grands services de la nation, règle les rapports politiques, économiques de son pays avec l'étranger et, jusque dans le menu détail, conditionne la vie politique et sociale de la nation.

II. Devoirs du citoyen. — Nous avons insisté sur les droits du citoyen parce que, comme nous l'avons dit plus haut, il est utile de les rappeler au gouvernement, aux citoyens eux-mêmes; l'idée de droit bien comprise implique l'idée de devoir : droit et devoir sont les deux faces d'une même liberté considérée tour à tour comme principe d'action et principe de respect. En effet, pour un citoyen, préciser son propre droit, c'est reconnaître en même temps le droit du voisin et, par voie de conséquence, s'imposer le devoir de respecter ce droit.

Aussi les devoirs se déduisent-ils naturellement et logiquement des droits.

1° Devoir d'obéir à la loi. En pays de démocratie républicaine, désobéir à la loi est une inconséquence : c'est désobéir à soi-même.

Le délinquant objecte-t-il qu'il n'a pas voté la loi, qu'il faisait partie de la minorité qui la repoussait; il est facile de lui rappeler qu'il a le droit de faire une propagande active et légale en faveur de ses idées : toute liberté lui est laissée pour tenter de gagner la majorité des suffrages.

La Déclaration de 1789 a posé en principe le droit de résistance à l'oppression. Mais il faut convenir que ce droit n'a plus sa raison d'être dans un pays de suffrage universel; le suffrage universel n'était pas un droit acquis en 1789, et en 1830, en 1848, il n'était pas d'autre moyen de réaction contre un gouvernement autoritaire, que la révolte et l'insurrection.

Actuellement, la seule arme légale du citoyen, mécontent contre une loi qui lui paraît injuste, est son bulletin de vote.

D'ailleurs, de plus en plus se manifeste le souci de tenir compte de l'opinion des minorités; un projet de loi sur la *représentation proportionnelle* est en ce moment discuté à la Chambre; la représentation proportionnelle donne accès au pouvoir à des représentants des groupements politiques en proportion de leur effectif.

2° Devoir de contribuer aux charges de l'État. « Pour l'entretien de la force publique et pour les dépenses d'administration, une contribution commune est indispensable. » (Déclaration de 1789, art. XIII.)

Il est de toute justice, en effet, que le citoyen « contribue » aux charges de l'État, puisqu'il en bénéficie directement. Le principe de l'obligation de cette contribution est indiscutable.

Les contributions indirectes ne jouissent pas de la faveur populaire.

On parle actuellement de l'*impôt sur le revenu,* préférable à toutes les autres formes d'impôt direct et destiné à en tenir lieu; il serait équitable que cet impôt fût non seulement proportionnel aux revenus, mais progressif. Toutefois les difficultés d'application sont grandes et font hésiter les plus convaincus des gouvernants.

3° *Service militaire.* En attendant le désarmement des puissances, qu'on ne peut espérer très proche, le citoyen a le devoir strict de se préparer à défendre son pays contre une invasion.

Le service militaire est dû par tous les citoyens. « Il ne convient pas à une démocratie d'avoir une armée distincte de la nation elle-même » (1).

4° *Devoir de s'intéresser à la chose publique.* Exercer ses droits politiques est un droit pour le citoyen, mais c'est aussi un devoir. Comme le dit excellemment M. Compayré : « C'est dans l'exercice des droits, plus encore peut-être que dans l'accomplissement des devoirs stricts et légaux, qu'éclate la vertu civique. »

Le citoyen ne doit pas se désintéresser des affaires publiques sous l'égoïste prétexte de ménager sa tranquillité, d'épargner ses forces et de garder une sérénité philosophique. Il est des silences et des abstentions qui peuvent passer pour des complicités. Il a le devoir de se mêler à la vie publique, il est en partie responsable des défaillances du gouvernement. Il est du devoir des citoyens de travailler, dans la mesure de leurs moyens, à l'établissement d'un gouvernement soucieux de ses devoirs, au vote de lois équitables.

III. Conclusion. — Le citoyen français a vu ses principaux droits reconnus par les déclarations de principes (1789-1793). Depuis lors, la conscience moderne, mieux informée des conditions sans cesse plus complexes de la vie des individus, a conçu la légitimité de droits nouveaux. Les difficultés de réalisation sont nombreuses et délicates, mais il est réconfortant d'ob-

(1) Le Chevallier.

server le souci de justice qui anime les partisans de ces droits.

Les droits naturels des citoyens ont des limites, elles-mêmes naturelles: le droit des autres individus de la collectivité. Dans le domaine de tous les droits, « la liberté consiste à pouvoir faire ce qui ne nuit pas à autrui ».

Il est de toute nécessité d'instruire le citoyen de ses droits. « On naît sujet, mais on devient citoyen. » (PÉRIÉ.)

Les leçons d'instruction civique, d'économie politique, de droit usuel, que vous recevez à l'école primaire supérieure, vous initient à quelques-uns des grands principes de la vie politique, économique. Adulte, vous vous ferez une obligation de remplir vos devoirs et d'exercer vos droits en conscience. Vous aurez le souci de vous éclairer, en lisant des journaux, en comparant des opinions diverses; vous chercherez à mettre la vérité et l'intérêt collectif au-dessus de votre intérêt personnel. La vie politique et sociale ainsi comprise est la continuation, l'extension de la vie morale.

QUESTIONS A TRAITER OU A MÉDITER. — 1. « Le citoyen est l'individu qui a part à l'autorité et à l'obéissance publique. Dans la république parfaite, c'est l'individu qui peut et qui veut librement obéir et gouverner tour à tour, suivant les préceptes de la vertu. » (ARISTOTE.)

2. Montrez que l'instruction est indispensable au citoyen d'un pays républicain.

LECTURES RECOMMANDÉES. — R. PÉRIÉ, *L'École du citoyen* (2e partie: Morale civique, leçon préliminaire). — A. FOUILLÉE, *Discours prononcé à la Société pour l'Instruction élémentaire* (« Revue pédagogique », 1886).

Rapports des nations entre elles

I. Solidarité des nations. — Une *nation* est un organisme vivant, mais non isolé au milieu d'autres organismes de même espèce.

Les nations ont entre elles, comme les individus, des liens de mutuelle dépendance, et la vie de l'une a son retentissement sur la vie des autres.

D'homme à homme, des rapports sont fondés sur l'idée de justice. Pourquoi n'en est-il pas de même de nation à nation? Grave question, l'une des plus troublantes de notre temps, une de celles qui suscitent les plus véhémentes discussions.

De la réponse que lui feront les peuples dépendra l'avenir de l'humanité.

Actuellement, les nations n'ont pas encore la notion assez claire et vivante de la *solidarité* qui les unit. L'éducation des peuples à cet égard est à peine commencée. Ils ne sont point convaincus encore que les souffrances de l'une coulent en fleuves de souffrances chez les autres, que la richesse de l'une retombe en pluie bienfaisante sur les autres.

II. La guerre. — Jusqu'au XIXe siècle, les conflits entre les nations n'ont guère été réglés que par la *guerre*. C'est sur les champs de bataille que se décide le sort des peuples.

Le *droit du plus fort* est la règle. Tous les chefs d'État se guident d'après la cynique réponse de Frédéric II à qui lui faisait remarquer qu'il violait le droit : « Faites-moi d'abord de bonnes troupes qui m'assurent la victoire; après, les juristes ne me manqueront pas pour démontrer mon bon droit. »

Nous imaginons malaisément pour l'avenir des luttes sanglantes comme celles dont le passé est plein.

Des villages en flammes, des villes affamées et rançonnées, les plus abominables instincts de l'homme déchaînés, des champs de bataille détrempés de sang, jonchés de cadavres, où râlent mutilés, suppliant qu'on les achève, des hommes hier pleins de vie; des femmes et des mères désespérées, des enfants terrifiés par des spectacles que rien n'effacera jamais de leur mémoire : voilà la guerre, qui faisait dire à Napoléon lui-même, après une visite à un champ de bataille : « Une ferme et deux mille livres de rente ! »

Les peuples commencent à comprendre à quel point la guerre est immorale et contraire à leurs intérêts.

Outre que cet absurde « jugement de Dieu » ne donne pas la victoire au plus juste, il ruine l'agriculture, arrête le commerce, prive le pays d'un dixième des bras utiles, diminue la production, appauvrit même le vainqueur.

« La guerre entre les peuples civilisés est devenue tellement coûteuse et dommageable que les gouvernements les plus militaristes eux-mêmes commencent à la redouter. » (MOLINARI.)

III. La guerre légitime. — Il est pourtant deux cas où la guerre est non seulement légitime, mais où elle nous apparaît comme un « éclatant devoir ».

Quand un peuple est injustement attaqué par un autre, qu'il voit ses droits violés, sa bonne volonté de paix méconnue, qu'il n'a plus à choisir qu'entre l'acceptation de l'injustice et la lutte, il faut qu'il choisisse la lutte, qu'il sache affronter les souffrances et la mort pour conserver la terre de ses pères et sa liberté.

Quand un peuple faible, écrasé par un plus puissant, vient demander secours à un autre pour recouvrer sa vie nationale, le devoir de cet autre est de prêter son aide à l'esclave qui veut devenir libre. C'est l'éternel honneur de la France d'avoir aidé les opprimés à s'affranchir. Elle a aidé l'Italie après les États-Unis, la Grèce après l'Italie. On peut dire, en ce moment, qu'il est peu glorieux pour l'Europe de laisser souffrir l'Arménie sous la dure oppression des Turcs.

IV. Devoirs des nations entre elles. — A notre époque, l'idée du droit pénètre dans les relations entre les peuples, une lueur de justice éclaire les consciences nationales.

Des penseurs ont démontré que les nations sont des *personnes morales*, et nul homme réfléchi n'admet plus que la raison du plus fort règle les relations nationales. Cependant, *en fait*, les peuples vivent encore selon la loi de force et sont toujours sous le coup d'une déclaration de guerre.

En 1898, le tsar Nicolas eut l'idée de réunir les grandes nations en une conférence qui étudierait les moyens de réduire les armements et d'assurer une paix durable. Les délégués des nations, réunis à La Haye, eurent grand'peine à s'entendre sur ces deux questions que certains d'entre eux ne voulaient pas même laisser poser.

Cependant la conférence eut ce résultat qu'un *tribunal permanent d'arbitrage* siège à La Haye.

Les puissances peuvent, *si elles le veulent*, remettre leur cause à son jugement.

Le représentant de la France, M. Bourgeois, réussit à faire voter l'article 27 ainsi conçu : « Les nations signataires considèrent comme un devoir, au cas où un conflit aigu menacerait d'éclater entre deux ou plusieurs d'entre elles, de rappeler à celles-ci que le tribunal permanent leur est ouvert et de leur conseiller d'y recourir ? »

Mince résultat d'une belle tentative et d'un grand labeur ! Le *tribunal* est *permanent*, mais il est *facultatif* de s'adresser à lui.

Pourtant, n'est-ce pas déjà quelque chose d'avoir attaché aux consciences nationales cette idée que la justice devrait être le fondement de leurs relations ?

Ce premier pas dans la voie du droit peut faire naître l'espérance d'un arbitrage obligatoire.

V. L'internationalisme. Conclusion. — On donne le nom d'*internationalisme* à une doctrine née des méditations généreuses de nos pères de la Révolution, qui rêve de grouper tous les peuples en un seul.

Pour les internationalistes, l'existence des patries est toute transitoire ; le but suprême est l'union de tous les hommes en une patrie unique.

Certes, l'idée est séduisante de faire de l'humanité entière une belle union d'universelle fraternité. Elle remplit d'enthousiasme l'âme de beaucoup de Français, orateurs, poètes, philosophes, etc.

Mais cette idée est-elle réalisable ? En admettant qu'elle le soit — ce que beaucoup nient — l'heure est-elle venue de la faire passer dans les faits ? Nous ne le croyons pas.

Ce n'est pas nous qui regrettons de voir notre pays ainsi à l'avant-garde de ceux qui courent hardiment vers les idées généreuses. Toutefois notre devoir est de terminer sur une réserve.

Regardons autour de nous. Les autres peuples sont loin de partager notre enthousiasme de fraternité. Des siècles d'hérédité belliqueuse pèsent encore sur les âmes. Partout l'instinct national fait preuve d'une indomptable énergie. L'initiative d'un mouvement internationaliste n'éveillerait aucun écho : cette notion reste étrangère et incompréhensible à l'immense majorité des hommes; les idées font lentement leur chemin.

Que la France, sans renoncer à son beau rêve d'unir les esprits et les cœurs, garde la prudence et la mesure qui assurent la sécurité des entreprises. Qu'elle s'associe à toutes les œuvres pacifiques qui se font dans le monde, mais qu'elle se défende « contre les dangers d'un optimisme excessif — et qu'elle n'encourage ni pour le présent, ni peut-être pour un avenir prochain, des illusions contredites par les brutalités récentes de l'histoire. » (Jacob.)

Questions a traiter ou a méditer. — Que pensez-vous de cette dernière protestation des Alsaciens-Lorrains en 1871 : « Livrés, au mépris de toute justice et par un odieux abus de la force, à la domination de la force, nous avons un dernier devoir à remplir : nous déclarons encore une fois nul et non avenu un pacte qui dispose de nous sans notre consentement. La revendication de nos droits reste à jamais ouverte à tous et à chacun dans la forme et dans la mesure que notre conscience nous dictera »?

Lectures recommandées. — H. Marion, *Leçons de morale* (32e Leçon). — V. Hugo, *L'Année terrible* (décembre, II, Vision sombre; VII, A la France; juin, II, Quoi! rester fraternel..., etc., etc.). — G. Moch, *Questions de morale* (L'Ère sans violence).

Les Sanctions de la morale

LE BONHEUR OU LE MALHEUR... N'EXISTE QU'EN NOUS-MÊME. TOUT CE QUI NOUS ENTOURE DEVIENT ANGE OU DÉMON SELON L'ÉTAT DE NOTRE CŒUR. JEANNE D'ARC ENTEND LES SAINTES ET MACBETH LES SORCIÈRES, ET C'EST TOUJOURS LA MÊME VOIX. (MAETERLINCK.)

I. Qu'appelle-t-on sanction? — Ce sont les récompenses ou les peines qui suivent l'exécution ou la violation de la loi.

Cette question des sanctions est une des plus graves de la morale, une de celles auxquelles nous devons le plus sérieusement appliquer notre réflexion.

D'instinct, nous croyons à la nécessité d'une sanction à notre conduite : cela tient à un besoin de justice que nous ne pouvons arracher de notre âme.

Les moralistes distinguent quatre sortes de sanctions :

1° *Les sanctions naturelles*, ou les conséquences matérielles de notre conduite sur notre santé, sur notre fortune, sur nos descendants;

2° *Les sanctions légales*, ou punitions attachées par la loi aux actes qu'elle interdit;

3° *Les sanctions de l'opinion publique*, c'est-à-dire les jugements d'estime ou de mépris portés par les autres sur nos actes;

4° *Les sanctions de la conscience*, autrement dit la satisfaction intime ou le remords que nous éprouvons suivant que nous agissons bien ou mal.

Étudions chacune de ces sortes de sanctions et demandons-nous laquelle satisfait le mieux notre indéracinable besoin de justice.

II. Les sanctions naturelles. — Une fois accomplis, nos actes ont des conséquences qui se déroulent impitoyablement : trop manger donne des indigestions, des malaises durables de l'appareil digestif; boire de l'alcool affaiblit le corps et l'intelligence.

Ces sanctions ne peuvent nous contenter. — D'abord, elles ne punissent que peu de nos vices, ceux-là seulement qui altèrent notre santé. Encore ne les punissent-elles pas toujours : on voit des ivrognes qui ont une santé florissante, une longue et verte vieillesse. Et puis les punitions n'ont nul rapport avec la gravité de la faute : une simple étourderie, comme boire un verre d'eau en pleine transpiration, peut causer la mort.

Mais, chose plus grave, ces sanctions n'ont rien à voir avec la moralité de nos actes : « Que je me jette à l'eau par un froid rigoureux afin de sauver mon semblable ou que j'y tombe en essayant de l'y jeter, les conséquences du refroidissement seront absolument pareilles (1). » Prenez sur vos heures de sommeil pour veiller et soigner un malade cher, ou pour suivre des compagnons de plaisir, la fatigue qui en résultera sera sensiblement la même.

Ne nous laissons donc jamais duper par cette croyance naïve à la « justice des choses »; elle est peu conforme à la vérité des faits. Les sanctions naturelles résultent de la violation des lois naturelles, voilà tout, mais elles n'ont pas de rapports vraisemblables avec nos infractions à la loi morale.

III. Les sanctions légales. — Aurons-nous plus de confiance dans les peines établies par les lois?

Elles sont pénibles à supporter, d'abord parce que la loi est, en général, dure aux coupables; ensuite, parce que ceux qu'elle frappe sont à jamais exclus de la société de leurs semblables qui les rejettent et les méprisent.

Mais combien elles sont insuffisantes! Que de fautes cachées, que de fautes même connues ne peuvent être châtiées par la justice humaine! Que d'habiles coupables échappent à la peine méritée; que d'innocents injustement condamnés!

De plus, la loi punit; elle ne récompense pas les actes de vertu, de dévouement, de fraternité.

IV. Les sanctions de l'opinion. — Venons à ces sanctions d'une nature plus délicate qui consistent dans le jugement de nos semblables sur notre conduite.

L'opinion, toujours sévère, souvent juste, atteint presque tous nos actes, pénètre parfois jusqu'à nos intentions; et, en cela, elle est supérieure à la loi, parce qu'elle peut atteindre le principe

---

(1) MAETERLINCK. — La même idée se trouve sous la plume d'un philosophe : « Jetez-vous à l'eau sans savoir nager, que ce soit par dévouement ou par simple désespoir, vous serez noyé tout aussi vite. » (GUYAU.)

moral des actes qu'elle juge et qu'elle distribue l'éloge aussi bien que le blâme.

Nous tenons beaucoup à l'estime des autres hommes : il en est qui y tiennent plus qu'à la vie. « Quelque possession que l'homme ait sur la terre, quelque santé et commodité qu'il ait, il n'est pas satisfait s'il n'est dans l'estime des hommes. » (PASCAL.)

Que d'efforts nous faisons, que de peines, que de souffrances même nous endurons pour être loués par nos semblables! Et combien il nous est cruel de nous savoir méprisés d'eux. « Rien n'est lourd à porter comme le mépris des autres! » Pourtant, même parmi les plus favorisés par l'opinion, quel est celui de nous qui voudrait n'avoir d'autres juges que ses semblables? Nous savons combien facilement l'opinion s'égare, quels sont les engouements, les caprices, les haines aveugles, auxquels elle est sujette. On a vu des criminels portés en triomphe par la foule (Alcibiade) ; des hommes de bien, des héros, méprisés, persécutés, foulés aux pieds (Palissy, Jacquart. etc.).

La masse ne comprend guère la beauté et la grandeur morale; ce qui la subjugue, c'est la force, l'audace, la fortune, et elle prête facilement des vertus aux violents; aux audacieux, aux riches. A moins que, tout à coup détrompée et cessant d'être dupe des apparences, elle passe à l'excès opposé — tout aussi injuste — et méprise aveuglément ce qu'elle admirait de même. Parlerons-nous des récompenses, des décorations, que la société accorde aux citoyens consciencieux ou courageux ?...

La sanction de l'*opinion* — plus équitable que celle de la loi — est donc encore insuffisante; il ne lui est pas souvent possible d'aller au delà de ce qui se montre, et l'opinion ne saurait facilement récompenser de son estime la vertu modeste qui est la vertu véritable. De plus, elle manque d'autorité.

V. La sanction de la conscience. — On entend par là les joies et les souffrances intimes que nous éprouvons, suivant que notre conduite est conforme ou non à la loi de la conscience.

Il y a en effet un incomparable bonheur à se sentir pur de toute mauvaise action. « Ce nous est un grand bénéfice que cette esjouissance naturelle et le seul payement qui jamais ne nous manque. » (MONTAIGNE.)

Il semble que ce soit là l'idéale sanction, celle qui va jusqu'à la source même de toutes nos actions, l'*intention*. On vous dira cependant que pareille sanction ne satisfait guère notre instinct de justice, que les âmes grossières vivent en paix dans le mal, que seuls les justes souffrent du désaccord entre leur conduite et leurs aspirations, et qu'en réalité le remords est un châtiment à l'usage des gens vertueux.

Il est vrai que le remords n'atteint que les âmes relativement délicates et élevées. Mais n'est-ce pas déjà un signe de noblesse morale que de souffrir de ne pas réaliser son idéal?

La vertu porte en elle-même un bonheur que nulle souffrance ne peut détruire : il est d'un autre ordre. Le sage peut se désoler de la perte des êtres aimés, son malheur ne se double pas d'une conscience tourmentée.

D'ailleurs est-on vertueux afin de recevoir ce « payement » dont parle Montaigne? Il semble qu'à son degré le plus élevé, la moralité n'a plus besoin de sanction : la vertu se suffit à elle-même. Plus on est vertueux, moins on attend la récompense de sa vertu.

VI. Conclusion. — Les religions et les philosophies envisagent une sanction suprême comme une nécessité morale. Kant croit que la moralité s'achèvera dans des existences futures où s'établira le rapport nécessaire entre la vertu et le bonheur. Toute vague qu'elle soit, cette croyance satisfait le philosophe, qui trouve que plus de clarté et de précision à ce sujet n'est point désirable moralement. Il faut, dit-il, que ces croyances soient des *croyances;* non des *théorèmes;* autrement, la moralité ne serait plus qu'une application logique de notre savoir à notre intérêt. En cela, Kant pense un peu comme le spirituel confesseur d'une dame du XVIIIe siècle :

« Y a-t-il un enfer? demandait la sceptique pénitente.

— Arrangeons-nous, répondit le confesseur, de manière à ne pas craindre d'y aller voir. »

QUESTIONS A TRAITER OU A MÉDITER. — Nous ne savons peut-être pas ce que nous devons croire, mais nous savons sûrement ce que nous devons faire.

LECTURES RECOMMANDÉES. — JACOB, *Devoirs* (ch. IV, la Sincérité à l'égard de soi-même). — F. PÉCAUT, *Quinze ans d'éducation* (Dieu — la Mort). — GUYAU, *Pages choisies* (le Courage en face de la mort, et ch. suivants).

Conclusion générale

Nous tirons d'un excellent petit livre d'enseignement élémentaire (1) ces quelques lignes destinées à susciter la réflexion des enfants, mais bien propres aussi à nous mettre dans de bonnes dispositions morales.

I. Le grand problème. — « Que tes yeux, mon enfant, ne restent pas attachés à la terre. Lève ton regard vers la voûte des cieux.

« Pendant le jour, le soleil y resplendit, et nous envoie la vie, à travers l'espace, avec la lumière et la chaleur.

« Pendant la nuit, les étoiles y brillent, pures et silencieuses. Celles que tu vois sont innombrables. Mais au delà de ta vue, il en est d'autres, par milliers, puis d'autres encore, d'autres toujours, dans l'immensité. Songe que chacune d'elles est un soleil comme le nôtre, des millions de fois plus grand que la terre.

« Par un beau soir, clair et tranquille, éloigne-toi des hommes pour demeurer seul en face de ce sublime spectacle. Peu à peu tu sentiras ton cœur battre dans ta poitrine.

« D'où viennent ces astres? où vont-ils?... Et moi, faible créature, perdue dans l'univers, pourquoi suis-je ici?

« Et quand je n'y serai plus, où irai-je?

« Ma raison, capable de comprendre et d'admirer tous ces mondes, qui me fait si grand malgré le peu de place que j'occupe, que deviendra-t-elle?

« C'est là le grand problème qui s'est posé, au cours des siècles, dans les plus nobles intelligences.

« Les croyants de toute religion l'ont résolu en affirmant que le monde est gouverné par un Dieu tout-puissant qui veille sur ses créatures, qui récompensera les bons et punira les méchants.

« Ceux qui n'ont pas de foi religieuse ne veulent rien affirmer. Souvent, ils souffrent de leur ignorance et de leur incertitude. Mais ils ne peuvent faire autrement que de dire : « Je ne sais pas. » Sinon ils se mentiraient à eux-mêmes.

---

(1) E. Devinat, *Livre de lecture et de morale.* (Librairie Larousse.)

« Croyants ou incroyants, notre devoir à tous est de nous respecter sincèrement et profondément les uns les autres. »

II. Notre impuissance à le résoudre. — Tel est le grand problème, qu'on se pose à dix ans comme à cinquante, et qui reste aussi insoluble aujourd'hui qu'il y a trente siècles. Il est pourtant impossible à la raison humaine de ne pas l'envisager. Notre science est courte, mais notre idéal est infini : tant qu'il y aura des hommes, ils agiteront le problème de leur destinée et de celle du monde où ils vivent.

Que suis-je?
Que dois-je faire?
Que deviendrai-je?
D'où vient le monde?
Où va-t-il?

Penser à ces questions est certes une marque de notre dignité. Mais rien qu'à les formuler, nous sommes saisis par le sentiment de notre impuissance et de notre faiblesse.

Non seulement nous ignorons notre origine et notre fin, l'origine et la fin de l'univers, mais nous ne savons même pas ce que c'est que *la vie*, cette vie qui déborde de toutes parts autour de nous.

La vie! Tout est dans ce mot dont, après des siècles de labeur, l'humanité ignore encore le sens! *Vie des mondes* qui gravitent en silence dans les espaces infinis; *vie de la matière*, en apparence inerte, et qui est en perpétuelle transformation; *vie de chacun de nous*, où tant de grandeur s'allie à tant de petitesse; *vie de la conscience*, qui paraît contenir la vie universelle!... Nul savant, nul philosophe n'a encore donné la clef du mystère; aucune expérience de laboratoire n'a pu encore faire jaillir la secrète étincelle, créer un être, une simple cellule, si élémentaire soit-elle, douée de vie et capable de se reproduire.

Encore moins pouvons-nous exprimer quelque certitude à l'endroit de *l'immortalité de notre être spirituel* ou de *Dieu*. Ces questions ont reçu des philosophies, des religions, de la science, des réponses variées et contradictoires.

« Sommes-nous immortels? Quelle que soit la solution du problème, une vérité est certaine, c'est que nous devons agir comme si nous l'étions. Des fins infinies nous attirent, s'imposent à nous; des œuvres que les siècles achèveront exigent notre effort et notre enthousiasme. Que l'on doute, si l'on veut, de notre immortalité. Une chose est sûre : c'est que dès à présent nous vivons pour l'éternité. »

Les savants, les philosophes, les théologiens se posent aussi la question de Dieu, de ses attributs : « Est-il la perfection de la nature humaine, le Père tout-puissant, ou est-il la Loi suprême?... « Mais, quel qu'il soit, il ne peut contredire les lois de la raison, de la conscience. Penser, agir bien, c'est sûrement être avec Dieu...

« Il y a une vérité dont nous sommes sûrs : c'est qu'une tâche s'impose à l'homme, quelle que soit sa condition ou sa fonction : c'est d'extraire de la nature et de sa propre vie tout ce qu'elles contiennent de vérité, de beauté, de justice, de faire comme si Dieu existait (1). »

III. Acte universel de foi, d'amour et d'espérance. — Si nous avons des doutes sur ce que nous pouvons croire, nous n'en avons pas sur la manière dont nous devons vivre, et cela peut suffire à fonder notre vie morale et à lui donner paix et joie.

Il est d'ailleurs des vérités dans l'affirmation desquelles toutes les religions, toutes les philosophies peuvent s'accorder, des vérités qui, à défaut d'un culte, peuvent grouper les hommes dans une belle union de fraternité morale.

Devant notre faiblesse, devant l'impuissance de la raison humaine à comprendre le mystère de la vie, de l'univers, tous les fronts se courbent, pénétrés d'une respectueuse émotion.

Respectons la vie, que nous ne saurions ni comprendre, ni créer : l'insecte qui passe lentement sur le chemin, dont la frêle existence nous paraît si peu de chose; la pâle graminée qui tremble au bord du sentier et que blesse notre pied distrait, ont leur prix que nous ignorons. Tout être qui vit remplit son œuvre que nous ne savons juger.

Devant la majesté de l'Univers et des lois qui le gouvernent, quelle sera notre attitude? On ne saurait *respecter* le soleil, l'océan, le ciel étoilé. Non, mais nous les *admirons* et le *culte de la Beauté* s'unit ainsi au respect de la vie. Cultivons en nous ce sentiment de l'admiration. Découvrir la beauté, — dans la nature ou dans l'art, — c'est à coup sûr, comme le disait Platon, devenir meilleur et s'embellir intérieurement.

Ces deux sentiments, le respect et l'admiration, nous les

(1) F. Rauh, *Psychologie*.

éprouvons à leur degré suprême devant cet autre mystère d'une *conscience humaine*, devant sa grandeur, devant les possibilités de bien qu'elle renferme. Et c'est pourquoi, à quelque culte que nous appartenions, à quelque doctrine philosophique, nous pouvons nous unir avec tous les hommes, nos frères, dans un acte universel de foi, d'amour et d'espérance : foi en la valeur d'une conscience humaine, foi au bien qu'elle peut réaliser; amour de tout ce qui vit; espoir en l'avenir, en une humanité toujours plus consciente de son idéal, plus forte et meilleure.

TABLE DES MATIÈRES

PREMIÈRE PARTIE

LES PRINCIPES

DEUXIÈME PARTIE

LES DEVOIRS

DEVOIRS INDIVIDUELS

DEVOIRS SOCIAUX

GRAVURES HORS TEXTE

Paris. — Imp. LAROUSSE, rue Montparnasse, 17.

www.ingramcontent.com/pod-product-compliance
Ingram Content Group UK Ltd.
Pitfield, Milton Keynes, MK11 3LW, UK
UKHW021053230726
13926UKWH00004B/1830

9 782014 434538